Contabilização de
ativos financeiros em
participações societárias

Central de Qualidade — FGV Management
ouvidoria@fgv.br

**PUBLICAÇÕES
FGV Management**

SÉRIE GESTÃO FINANCEIRA, CONTROLADORIA E AUDITORIA

Contabilização de ativos financeiros em participações societárias

Ricardo Lopes Cardoso
Carlos Vieira
Paulo Sérgio Machado
Waldir Jorge Ladeira dos Santos

FGV management

FGV EDITORA

Copyright © 2011 Ricardo Lopes Cardoso, Carlos Vieira, Paulo Sérgio Machado, Waldir Jorge Ladeira dos Santos

Direitos desta edição reservados à
EDITORA FGV
Rua Jornalista Orlando Dantas, 37
22231-010 — Rio de Janeiro, RJ — Brasil
Tels.: 0800-021-7777 — 21-3799-4427
Fax: 21-3799-4430
editora@fgv.br — pedidoseditora@fgv.br
www.fgv.br/editora

Impresso no Brasil/*Printed in Brazil*

Todos os direitos reservados. A reprodução não autorizada desta publicação, no todo ou em parte, constitui violação do copyright (Lei nº 9.610/98).

Os conceitos emitidos neste livro são de inteira responsabilidade dos autores.

1ª edição — 2011

Preparação de originais: Sandra Frank
Editoração eletrônica: FA Editoração Eletrônica
Revisão: Fatima Caroni | Tathyana Viana
Capa: aspecto:design
Ilustração de capa: Guilherme Telles

Cardoso, Ricardo Lopes
    Contabilização de ativos financeiros em participações societárias / Ricardo Lopes Cardoso... [et al.]. — Rio de Janeiro: Editora FGV, 2011.
    196 p.: il. — (Gestão financeira, controladoria e auditoria (FGV Management))

    Em colaboração com Carlos Vieira, Paulo Sérgio Machado, Waldir Jorge Ladeira dos Santos.
    Publicações FGV Management.
    Inclui bibliografia.
    ISBN: 978-85-225-0879-2

    1. Contabilidade. 2. Administração financeira. 3. Ativos financeiros de renda fixa. I. Vieira, Carlos. II. Machado, Paulo Sérgio. III. Santos, Waldir Jorge Ladeira dos. IV. FGV Management. V. Fundação Getulio Vargas. VI. Título. VII. Série.

CDD — 657

Aos nossos alunos e aos nossos colegas docentes, que nos levam a pensar e repensar as nossas práticas.

Sumário

Apresentação 11

Introdução 15

1 | Contabilização em participações societárias dos investimentos classificados como outros instrumentos patrimoniais 23
Por dentro da transação 25
Taxonomia 26
Reconhecimento, baixa e mensuração 29
Detalhamento das políticas contábeis 36
Resumo e comparação entre os pronunciamentos contábeis 40
Contabilização de transações básicas 42
Contabilização de outras transações e eventos 55
Evidenciação 64
Comparação entre os pronunciamentos contábeis 65
Considerações finais 66

2 | **Contabilização dos investimentos em coligadas e controladas** 67
Por dentro da transação 68
Contabilização de transações básicas 74
Exceções à regra da adoção do método
  da equivalência patrimonial (por parte
  das entidades de grande porte ou listadas) 81
Outras regras relacionadas ao método
  de equivalência patrimonial 83
Investida com passivo a descoberto 84
Contabilização de outras transações e eventos 91
Amortização do goodwill 107
Evidenciação 108
Comparação entre os pronunciamentos contábeis 111
Considerações finais 113

3 | **Fundamentos da consolidação** 115
Objetivos da consolidação 116
Procedimentos para elaboração
  das demonstrações consolidadas 118
Casos em que não há coincidência entre o PL e o LL
  da controladora e o consolidado 138
Evidenciação 153
Comparação entre os pronunciamentos contábeis 154
Considerações finais 155

4 | **Contabilização dos investimentos em controladas em conjunto** 157
Por dentro da transação 158
O reconhecimento contábil 168

Evidenciação   177
Comparação entre os pronunciamentos contábeis   178
Considerações finais   178

Conclusão   181

Referências   183

Apêndice — Glossário   187

Os autores   193

Apresentação

Este livro compõe as Publicações FGV Management, programa de educação continuada da Fundação Getulio Vargas (FGV).

Instituição de direito privado com mais de meio século de existência, a FGV vem gerando conhecimento por meio da pesquisa, transmitindo informações e formando habilidades por meio da educação, prestando assistência técnica às organizações e contribuindo para um Brasil sustentável e competitivo no cenário internacional.

A estrutura acadêmica da FGV é composta por oito escolas e institutos: a Escola Brasileira de Administração Pública e de Empresas (Ebape), dirigida pelo professor Flavio Carvalho de Vasconcelos; a Escola de Administração de Empresas de São Paulo (Eaesp), dirigida pela professora Maria Tereza Leme Fleury; a Escola de Pós-Graduação em Economia (EPGE), dirigida pelo professor Rubens Penha Cysne; o Centro de Pesquisa e Documentação de História Contemporânea do Brasil (Cpdoc), dirigido pelo professor Celso Castro; a Escola de Direito de São Paulo (Direito GV), dirigida pelo professor Ary Oswaldo Mattos Filho; a Escola de Direito do Rio de Janeiro (Direito Rio), dirigida pelo professor Joaquim Falcão; a Escola de Economia de São Paulo (Eesp), dirigida pelo professor Yoshiaki Nakano; o Instituto Brasileiro de Economia (Ibre), dirigido pelo professor Luiz Guilherme Schymura de Oliveira. São diversas unidades com a marca FGV, trabalhando com a mesma filosofia: gerar e disseminar o conhecimento pelo país.

Dentro de suas áreas específicas de conhecimento, cada escola é responsável pela criação e elaboração dos cursos oferecidos pelo Instituto de Desenvolvimento Educacional (IDE), criado em 2003 com o objetivo de coordenar e gerenciar uma rede de distribuição única para os produtos e serviços educacionais da FGV, por meio de suas escolas. Dirigido pelo professor Clovis de Faro e contando com a direção acadêmica do professor Carlos Osmar Bertero, o IDE engloba o programa FGV Management e sua rede conveniada, distribuída em todo o país (ver www.fgv.br/fgvmanagement), o programa de ensino a distância FGV Online (ver www.fgv.br/fgvonline), a Central de Qualidade e Inteligência de Negócios e o Programa de Cursos Corporativos In Company. Por meio de seus programas, o IDE desenvolve soluções em educação presencial e a distância e em treinamento corporativo customizado, prestando apoio efetivo à rede FGV, de acordo com os padrões de excelência da instituição.

Este livro representa mais um esforço da FGV em socializar seu aprendizado e suas conquistas. Ele é escrito por professores do FGV Management, profissionais de reconhecida competência acadêmica e prática, o que torna possível atender às demandas do mercado, tendo como suporte sólida fundamentação teórica.

A FGV espera, com mais essa iniciativa, oferecer a estudantes, gestores, técnicos — a todos, enfim, que têm internalizado o conceito de educação continuada, tão relevante nesta era do conhecimento — insumos que, agregados às suas práticas, possam contribuir para sua especialização, atualização e aperfeiçoamento.

Clovis de Faro
Diretor do Instituto de Desenvolvimento Educacional

Ricardo Spinelli de Carvalho
Diretor Executivo do FGV Management

Sylvia Constant Vergara
Coordenadora das Publicações FGV Management

Introdução

O objetivo deste livro é apresentar a contabilização dos ativos financeiros em participações societárias, sejam eles classificados como investimentos em ativos financeiros propriamente ditos ou em coligadas, controladas ou entidades controladas em conjunto. O conteúdo deste livro está baseado nos *international financial reporting standards* (IFRSs), definidos pela IFRS Foundation: os aplicáveis às companhias abertas e empresas de grande porte (*full* IFRSs) e aqueles dirigidos às demais entidades com fins lucrativos (IFRSs *for* SMEs — *small and medium-sized entities*), e seus equivalentes brasileiros, traduzidos pelo Comitê de Pronunciamentos Contábeis (CPCs e CPC-PME, este para pequenas e médias empresas).

O livro está estruturado em quatro capítulos. O capítulo 1 apresenta a contabilização dos investimentos em participações societárias classificados como investimentos em instrumentos financeiros. Isso compreende todos os investimentos não classificados como investimentos em controladas, coligadas, nem em entidades controladas em conjunto.

O capítulo 2 apresenta o método da equivalência patrimonial, isto é, a política contábil aplicável aos investimentos em controladas e coligadas.

O capítulo 3 apresenta a consolidação das demonstrações contábeis, que apresentam o grupo econômico formado pela controladora e suas controladas como se fosse uma única entidade objeto de contabilização.

O capítulo 4 apresenta as políticas contábeis aplicáveis aos empreendimentos controlados em conjunto, com ênfase nas entidades assim controladas.

A conclusão comenta as possíveis alterações dos pronunciamentos contábeis que afetam este livro.

Para a compreensão do conteúdo deste trabalho é fundamental que alguns conceitos básicos sejam dominados pelo leitor, principalmente o de ativos financeiros em participações societárias. Para tanto, começamos pela definição de ativo.

Para o International Accounting Standards Board (IASB) e o International Public Sector Accounting Standards Board (IPSASB), "ativos são recursos controlados por uma entidade em consequência de eventos passados e dos quais se espera que resultem fluxos de benefícios econômicos futuros ou potencial de serviços para a entidade".

Buscando-se aumentar a relevância e a compreensibilidade da informação contábil, o ativo é classificado de acordo com: (a) suas características intrínsecas; (b) utilidade definida pela administração da entidade; e (c) com a temporariedade de geração de fluxos de benefícios econômicos esperados pela entidade que o controla. Entre as diversas classificações, a que mais interessa aos propósitos deste livro é a de ativo financeiro e suas subclassificações. Vejamos.

Ativo financeiro é qualquer ativo que tenha liquidez e que esteja enquadrado como: (a) caixa ou equivalente de caixa; (b) direito contratual de receber recursos financeiros (caixa) ou outro ativo financeiro de outra entidade (duplicatas a receber); (c) direito contratual de trocar instrumentos financeiros com outra entidade sob condições potencialmente favoráveis (derivativos); ou (d) instrumento em ações ou cotas do capital social de outra entidade.

Desses quatro tipos de ativos financeiros, o mais importante para o desenvolvimento deste livro é o instrumento em ações ou cotas do capital social de outra entidade. Porém, antes de continuarmos, precisamos conceituar primeiro o que é um instrumento financeiro.

Instrumento financeiro "é qualquer contrato que dê origem a um ativo financeiro para uma entidade e a um passivo financeiro ou instrumento patrimonial para outra entidade" (CPC, 2009b).

Partindo do entendimento de que ativos são obtidos mediante transações entre entidades, um contrato (instrumento financeiro) dá origem a um ativo para uma entidade e a um passivo financeiro (dívida) ou instrumento patrimonial (capital social) para outra entidade. Portanto, finalmente, vejamos o conceito de instrumento patrimonial.

Instrumento patrimonial representa "qualquer contrato que evidencie uma participação residual nos ativos de uma entidade após a dedução de todos os seus passivos" (CPC, 2009m).

Participações societárias representam aplicações de uma empresa em outra. Uma empresa adquire direito de participação residual nos ativos líquidos de uma entidade mediante a compra de ações, no caso de sociedades por ações (S.A.) ou cotas de participação do capital social, no caso de empresas limitadas (Ltda.). A investidora participa no capital social da investida, sendo, portanto, uma de suas acionistas ou cotistas.

Na companhia investida, os instrumentos patrimoniais, por não se tratarem de dívida exigível com a investidora, devem ser reconhecidos em seu capital social, ou seja, em seu patrimônio líquido. Entretanto, o foco deste livro é a contabilização desses instrumentos na investidora, e não na investida.

A investidora pode contabilizar seus investimentos em participações societárias como instrumentos financeiros ou investimentos em coligadas, controladas ou controladas em conjunto. Os pronunciamentos emitidos pelo IASB e pelo Comitê de Pronunciamentos Contábeis (CPC) requerem ou facultam a adoção de diferentes modelos contábeis para esses investimentos, conforme apresentado ao longo do livro. Serão desenvolvidas as seguintes políticas contábeis: o modelo do custo menos perda por irrecuperabilidade, o método de equivalência patrimonial e o modelo do valor justo; além dos procedimentos de elaboração das demonstrações contábeis consolidadas.

A aplicação de cada uma dessas políticas contábeis depende de dois fatores: (a) o conjunto de pronunciamentos contábeis que a entidade adota (isto é, *full* IFRSs/CPCs ou IFRS *for* SMEs/CPC-PME); e (b) a classificação dos investimentos em instrumentos patrimoniais (isto é, controlada, controlada em conjunto, coligada ou nenhum dos três — outros instrumentos patrimoniais).

Quanto ao conjunto de pronunciamentos contábeis que a entidade deve adotar, inicialmente é necessário verificar se a mesma tem obrigação pública de prestação de contas (isto é, se seus títulos são negociados em bolsa de valores ou se possui ativos em condição fiduciária perante um grupo amplo de terceiros como um de seus principais negócios) ou, ainda, se a entidade é classificada como de grande porte (isto é, se teve ativo total maior ou igual a R$ 240 milhões ou receita bruta anual maior ou igual a R$ 300 milhões no exercício social anterior). Em qualquer desses casos a entidade deverá adotar os *full* IFRSs/CPCs. Caso contrário, a entidade deverá adotar o IFRS *for* SMEs/CPC-PME.[1] Em seguida, devem-se verificar as características dos investimentos e os critérios facultados ou exigidos pelos pronunciamentos contábeis aplicáveis. Este livro apresenta os requerimentos segundo esses dois conjuntos de pronunciamentos contábeis.

---

[1] O IASB considera empresa de pequeno ou médio porte aquela que não tem obrigação de prestação pública de contas e que gera demonstrações contábeis para fins gerais para usuários externos (ver §1.2 do IFRS *for* SMEs/CPC-PME). Estas entidades podem adotar o IFRS *for* SMEs/CPC-PME; todas as demais devem adotar os *full* IFRSs/CPCs.

Quanto à classificação dos ativos financeiros em participações societárias, tanto pelos *full* IFRSs/CPCs quanto pelo IFRS *for* SMEs/CPC-PME, os investimentos em instrumentos patrimoniais não classificados como investimentos em controlada, controlada em conjunto ou coligada são contabilizados pelo modelo de valor justo ou modelo do custo menos perda por irrecuperabilidade (explicados no capítulo 1).

Já para os investimentos classificados em quaisquer daquelas três categorias, segundo os *full* IFRSs/CPCs, a decisão quanto ao critério de contabilização não é uma livre escolha, mas contingenciada pelos pronunciamentos contábeis (conforme explicado nos capítulos 2 e seguintes). Segundo o IFRS *for* SMEs/CPC-PME a decisão quanto ao critério de contabilização é, sim, uma livre escolha entre os três critérios de mensuração (embora exista restrição legal brasileira quanto ao livre exercício dessa escolha nas demonstrações contábeis individuais da controladora).

Segundo os pronunciamentos contábeis (isto é, IFRS *for* SMEs seções 14 e 15, IASs 28 e 31, CPC-PME seções 14 e 15 e CPCs 18 e 19), esses termos são assim definidos:

❏ *controladas* — são entidades investidas sobre as quais a investidora exerce o efetivo controle, diretamente ou por intermédio de outras controladas. Entende-se por "controle efetivo" a preponderância nas deliberações sociais e o poder de eleger a maioria dos administradores, de forma permanente;
❏ *controladas em conjunto (joint ventures)* — entidades que sofrem o controle de forma compartilhada por seus empreendedores conforme contrato estabelecido, cujas decisões estratégicas, financeiras e operacionais são tomadas por meio do consentimento das partes que a controlam;
❏ *coligadas* — são entidades investidas nas quais o investidor tem influência significativa sem controlá-las.

Para fins didáticos, os investimentos em participações societárias não enquadradas em quaisquer das três categorias acima são, neste livro, denominados "outros instrumentos patrimoniais".

Embora o conceito de controle seja apresentado na definição de controlada, podemos dizer, com outras palavras, que controle significa *mandar e desmandar* na gestão da entidade investida. Considerando que o termo influência envolve certo nível de subjetividade, vejamos o que se entende por "influência significativa", para os fins da classificação como coligada. De acordo com o CPC 18, §2, "influência significativa é o poder de participar nas decisões financeiras e operacionais da investida, sem controlar de forma individual ou conjunta essas políticas".

São evidências da influência da investidora na gestão da entidade investida:

- ❏ representação no conselho de administração ou na diretoria da investida;
- ❏ participação nos processos de elaboração de políticas, inclusive em decisões sobre dividendos e outras distribuições;
- ❏ operações materiais entre investidor e a investida;
- ❏ intercâmbio de diretores ou gerentes;
- ❏ fornecimento de informação técnica essencial.

Para fins de praticidade, presume-se haver influência significativa quando a participação do investidor no capital votante da entidade investida for igual a ou maior que 20%.

As ações com direito a voto não se resumem às ações ordinárias (conhecidas como ON), uma vez que a empresa investida pode lançar ações preferenciais (PN) com direito a voto.

Entendida a taxonomia, o quadro 1 apresenta as possíveis formas de contabilização para cada classe de investimento.

Quadro 1
POSSÍVEIS FORMAS DE CONTABILIZAÇÃO

Classificação	Full IFRSs/CPCs	IFRS for SMEs/CPC-PME	Neste livro
Controlada	Método da equivalência patrimonial + consolidação.	Método da equivalência patrimonial, modelo do custo menos perda por irrecuperabilidade ou modelo do valor justo (livre escolha) + consolidação.	Capítulos 2 e 3. Para os modelos do custo menos perda por irrecuperabilidade do valor justo, ver capítulo 1.
Controlada em conjunto	Método da equivalência patrimonial + consolidação proporcional.	Método da equivalência patrimonial, modelo do custo menos perda por irrecuperabilidade ou modelo do valor justo (livre escolha); não se faz consolidação (nem proporcional).	Capítulos 2 e 3. Para os modelos do custo menos perda por irrecuperabilidade e do valor justo, ver capítulo 1. Para detalhes sobre a consolidação proporcional, ver capítulo 4.
Coligada	Método da equivalência patrimonial; não se faz consolidação.	Método da equivalência patrimonial, modelo do custo menos perda por irrecuperabilidade ou modelo do valor justo (livre escolha); não se faz consolidação.	Capítulo 2. Para os modelos do custo menos perda por irrecuperabilidade e do valor justo, ver capítulo 1.
Não classificada em nenhuma das três categorias acima	Modelo do valor justo (excepcionalmente modelo do custo menos perda por irrecuperabilidade); não se faz consolidação.	Modelo do valor justo (excepcionalmente modelo do custo menos perda por irrecuperabilidade); não se faz consolidação.	Capítulo 1.

A adequada contabilização dos ativos financeiros em participações societárias depende da compreensão das classificações e do alcance dos pronunciamentos contábeis apresentados no quadro 1.

1
Contabilização em participações societárias dos investimentos classificados como outros instrumentos patrimoniais

Este capítulo é dedicado à contabilização dos investimentos em participações societárias, ou seja, ao reconhecimento e mensuração dos ativos financeiros representados por ações ou cotas do capital social de outras entidades.

O presente capítulo está baseado no IFRS *for* SMEs seção 11, no CPC-PME seção 11, no IFRS 9 e no CPC 38. Embora os principais pronunciamentos contábeis vigentes no Brasil, no momento da publicação desta edição, sejam os CPCs 38, 39 e 40, pouca ênfase lhes é dada, pelo fato de eles serem baseados no IAS 39. O IASB está conduzindo processo de atualização dos pronunciamentos contábeis relativos aos instrumentos financeiros, o que implicará a revogação do citado IAS. A primeira fase de tal processo foi concluída com a publicação do IFRS 9, que trata especificamente do assunto deste capítulo — ativos financeiros.

Por questão didática, começa-se a apresentação da matéria pelos pronunciamentos aplicáveis às pequenas e médias empresas; afinal, o IFRS *for* SMEs seção 11 (assim como o CPC-PME seção 11) é uma simplificação dos *full* IFRSs; na sequência é apresentado o IFRS 9 e, por último, o CPC 38. Tão logo o CPC emita pronunciamento relativo à tradução do IFRS 9, o leitor poderá desconsiderar os trechos deste capítulo baseados no CPC 38 e os respectivos exemplos.

Não são cobertos por este livro quaisquer outros instrumentos financeiros diferentes de ações ou cotas do capital social; afinal, ele é dedicado aos investimentos em participações societárias. Portanto, não são aqui abordados:

❏ *hedge accounting*;
❏ debêntures (não obstante serem conversíveis em ações);
❏ notas promissórias;
❏ aplicações financeiras em outros títulos e valores mobiliários, quer derivativos ou *swaps*.

Com respeito a esses instrumentos financeiros, sugerem-se Gobetti e colaboradores (2010) e Iudícibus e colaboradores (2010).

Buscando permitir que o conteúdo deste livro seja apreendido pelo leitor que esteja cursando uma disciplina de 24 horas-aula, não são abordadas as especificidades aplicáveis à *venturer capitalists*, nem aquelas aplicáveis ao setor público (cobertas nos IPSAS 28-30).

Tampouco é aqui abordada a aquisição de ações de emissão da própria entidade (ações em tesouraria), pois não correspondem a recursos da entidade, mas a reduções de seu patrimônio líquido (ativo líquido), mesmo que tenham sido adquiridas por curto prazo.

Esperamos que, ao final da leitura deste capítulo, você esteja apto a:

❏ compreender a classificação dos instrumentos financeiros relativos a participações societárias;
❏ classificar, na demonstração da posição financeira (balanço patrimonial), os investimentos em participações societárias;

- compreender o conceito de valor justo e os critérios para sua mensuração;
- aplicar as diversas formas de mensuração válidas para os investimentos em participações societárias classificados como instrumentos financeiros;
- reconhecer as receitas e as despesas decorrentes das alterações de valor desses ativos;
- reconhecer os ganhos e as perdas decorrentes da realização desses investimentos;
- elaborar as demonstrações contábeis de forma a representar adequadamente as transações e os eventos associados com os investimentos temporários em participações societárias;
- identificar o conteúdo mínimo que deve ser divulgado em notas explicativas às demonstrações contábeis relativas aos investimentos temporários em participações societárias;
- identificar as diferenças dos requerimentos contidos nos *full* IFRSs, no IFRS *for* SMEs, nos CPCs e no CPC-PME pertinentes à contabilização dos investimentos em participações societárias classificados como instrumentos financeiros.

Por dentro da transação

Participações societárias são investimentos em ações ou cotas do capital social de qualquer entidade.

Ações ou cotas são a menor parte na qual o capital social de uma entidade pode ser dividido. O termo "ação" é aplicável às sociedades por ações, sejam companhias abertas ou fechadas (ver art. 11 da Lei nº 6.404/1976). O termo "cota" (ou quota) do capital social se aplica às demais estruturas societárias, como sociedades por cotas de responsabilidade limitada, cooperativas, entre outras (vide art. 997 da Lei nº 10.406/2002).

Instrumento financeiro é qualquer contrato que dê origem a um ativo financeiro para a entidade e a um passivo financeiro ou instrumento patrimonial para outra entidade. Entre os diversos exemplos de ativos financeiros, o §11 do IAS 32 (e do CPC 39) apresenta o instrumento patrimonial (isto é, qualquer contrato que evidencie uma participação nos ativos de uma entidade após a dedução de todos os seus passivos).

Portanto, os investimentos em participações societárias são exemplos de ativos financeiros e são contabilizados como instrumentos financeiros (de acordo com o IFRS for SMEs, seção 11; o CPC-PME, seção, 11; o IFRS 9 e o CPC 38) caso tais investimentos não sejam classificados como investimento em controlada, em controlada em conjunto, nem investimento em coligada (ver taxonomia apresentada no próximo tópico deste capítulo).

As razões que levam a administração de uma entidade a aplicar seus recursos em ações ou cotas do capital social de outra entidade são as mais diversas. Por exemplo, pode ser para controlar (isoladamente ou em conjunto) essa outra entidade; participar na definição das políticas operacional e financeira dessa outra entidade, sem controlá-la; para ter acesso a informações privilegiadas ou receber fluxos contínuos de dividendos ou auferir renda com a valorização desses títulos no mercado. No tocante aos investimentos classificados como instrumentos financeiros, é plausível que o maior objetivo do investidor, ao efetuar essa aplicação, seja o de auferir renda com a valorização desses títulos no mercado. Embora isso se aplique tanto a investimentos em ações de companhias abertas ou fechadas quanto a investimentos em cotas do capital social de sociedades por cotas de responsabilidade limitada ou cooperativas, para tornar a apresentação do conteúdo mais didática o presente capítulo é estruturado com base nos investimentos em ações de companhias abertas.

Taxonomia

A taxonomia dos investimentos depende do conjunto de pronunciamentos contábeis aplicáveis.

Aplicável às pequenas e médias empresas

A seção 11 do IFRS *for* SMEs e do CPC-PME utiliza taxonomia bastante simples. As pequenas e médias empresas devem classificar os títulos patrimoniais como: investimentos em controladas (contabilizar conforme a seção 9), investimentos em controladas em conjunto (contabilizar conforme a seção 15), investimentos em coligadas (contabilizar conforme a seção 14), e instrumentos financeiros (contabilizar conforme as seções 11 ou 12, dependendo da complexidade do investimento). Conforme apresentado na abertura deste capítulo, os investimentos aqui abordados não são complexos (*hedge*, derivativos, entre outros); dessa forma a explicação aqui apresentada é baseada exclusivamente na seção 11.

A única classificação do §11.8 do IFRS *for* SMEs e do CPC-PME que interessa aos propósitos deste capítulo consiste nos instrumentos financeiros compreendidos por "investimentos em ações preferenciais não conversíveis e ações ordinárias ou preferenciais não resgatáveis por ordem do portador". Desde que o investimento em análise não seja em entidade controlada, controlada em conjunto nem coligada, esta classificação recai exclusivamente no título, e não guarda qualquer relação com o modelo de negócio da entidade investidora.

Aplicável às empresas de grande porte e sociedades por ações (IFRS 9)

Para as empresas de grande porte e sociedades por ações a taxonomia estabelecida pelo IFRS 9 é bastante semelhante à taxonomia aplicável às pequenas e médias empresas (seção 11 do IFRS *for* SMEs e do CPC-PME). Entretanto, o critério de mensuração a ser adotado depende do modelo de negócio da entidade investidora, conforme apresentado mais adiante, neste capítulo.

Aplicável às empresas de grande porte e sociedades por ações (CPC 38)

O modelo contábil em vigor no Brasil aplicável às empresas de grande porte e sociedades por ações[2] é significativamente mais complexo que os já apresentados. Segundo o §9 do CPC 38, independentemente das características jurídicas e econômicas dos títulos compreendidos pelos instrumentos financeiros, estes podem ser classificados, quanto à expectativa de realização por parte do investidor, em:

❏ títulos mantidos para negociação (hel for trading) — um ativo financeiro é classificado como mantido para negociação se for: (a) adquirido ou incorrido principalmente para a finalidade de venda ou de recompra em prazo muito curto; (b) no reconhecimento inicial, parte de carteira de instrumentos financeiros identificados que são gerenciados em conjunto e para os quais existe evidência de modelo real recente de tomada de lucros a curto prazo; (c) derivativo (exceto no caso de derivativo que seja contrato de garantia financeira ou um instrumento de *hedge* designado e eficaz);
❏ títulos disponíveis para venda (*available-for-sale*) — "são aqueles ativos financeiros não derivativos que são designados como disponíveis para venda ou que não são classificados como (a) empréstimos e contas a receber; (b) investimentos

---
[2] É provável que esse modelo contábil seja revogado pelo CPC tão logo o IASB conclua a revisão e alteração dos padrões internacionais contábeis relativos à contabilização de instrumentos financeiros.

mantidos até o vencimento; ou (c) ativos financeiros pelo valor justo por meio do resultado" (CPC 38, §9);

❑ títulos mantidos até o vencimento (*held-to-maturity*) — são ativos financeiros não derivativos, com pagamentos fixos ou determináveis com vencimentos definidos, para os quais a entidade tem a intenção positiva e a capacidade de manter até o vencimento, exceto: (a) os que a entidade designa no reconhecimento inicial pelo valor justo por meio do resultado; (b) os que a entidade designa como disponíveis para venda; e (c) os que satisfazem a definição de empréstimos e contas a receber.

Considerando que, por força da legislação societária brasileira, as ações ou cotas do capital social normalmente não têm data de vencimento, são títulos perpétuos. Então seria extraordinária a classificação de ações ou cotas do capital social de empresas brasileiras como títulos mantidos até o vencimento. Portanto, focamos atenção nas duas primeiras classificações.

Reconhecimento, baixa e mensuração

Assim como a taxonomia, as políticas contábeis também dependem do conjunto de pronunciamentos contábeis aplicável.

Aplicável às pequenas e médias empresas

Para as pequenas ou médias empresas, o §11.12 do IFRS *for SMEs* e do CPC-PME estabelece que a entidade deve reconhecer o ativo financeiro relativo a participações societárias nas suas demonstrações contábeis quando, e apenas quando, a entidade se tornar parte das disposições contratuais do instrumento. Portanto, a entidade objeto das demonstrações contábeis deverá reconhecer o ativo financeiro quando da aquisição dos mesmos (quando se tornar acionista ou cotista).

O §11.33(b) do IFRS *for* SMEs e do CPC-PME estabelece que a entidade deve baixar investimentos em títulos patrimoniais quando transferir a terceiros os riscos substanciais e os benefícios da propriedade de tais títulos.

No momento do reconhecimento inicial, os títulos patrimoniais classificados como instrumentos financeiros devem ser mensurados, pelas pequenas e médias empresas, pelo custo da operação (incluindo os custos de transação, exceto na mensuração inicial de ativos que são avaliados pelo valor justo por meio do resultado), de acordo com o §11.13 do IFRS *for* SMEs e do CPC-PME.

Na mensuração subsequente, caso os títulos patrimoniais sejam negociados publicamente, ou se seu valor justo puder ser medido de forma confiável, o investimento é avaliado, pela pequena ou média empresa, com base no valor justo, com as mudanças neste valor reconhecidas no resultado, conforme o §11.14 (c), (i) do IFRS *for* SMEs e do CPC-PME. Todos os outros investimentos em títulos patrimoniais são avaliados, pela pequena ou média empresa, com base no custo menos reduções ao valor recuperável, de acordo com o §11.14 (c), (ii) do IFRS *for* SMEs e do CPC-PME.

Observe que a determinação do critério de mensuração dos instrumentos financeiros não se constitui, para as pequenas e médias empresas, como uma escolha contábil. Afinal, sendo o título negociado publicamente ou havendo condições de se mensurar de forma confiável seu valor justo, a entidade deve utilizar o método do valor justo.

Entende-se por valor justo o valor pelo qual um ativo poderia ser negociado, ou um passivo liquidado, existindo um conhecimento amplo e disposição nas partes envolvidas, em uma transação em que não há favorecidos. Portanto, é o valor pelo qual um ativo pode ser negociado, ou um passivo liquidado, entre partes interessadas, conhecedoras do negócio e independentes entre si, com a ausência de fatores que pressionem para a liquidação da transação ou que caracterizem uma transação compulsória.

Segundo o §11.27 do IFRS *for* SMEs e do CPC-PME, a melhor evidência de valor justo é a existência de preços cotados em mercado ativo para ativos idênticos. Se o mercado para um instrumento financeiro não estiver ativo, o preço de cotação recente para um ativo idêntico fornece evidência de valor justo, desde que não haja mudanças significativas nas circunstâncias econômicas ou significativo decurso de tempo desde a ocorrência da transação. Se o mercado para um instrumento financeiro não estiver ativo e o preço de cotação recente não for uma boa estimativa do valor justo, a entidade estabelece o valor justo utilizando uma técnica de avaliação. O objetivo de usar uma técnica de avaliação é estimar qual seria o preço da transação, na data da avaliação, em uma troca entre partes não relacionadas, motivadas por considerações normais de negócios.

Observe que o procedimento para se estimar o valor justo de instrumentos financeiros não se constitui para as pequenas e médias empresas como uma escolha contábil. Afinal, os três procedimentos são apresentados numa sequência hierárquica, ou seja, a entidade só poderá utilizar preços de cotações recentes quando o mercado do instrumento financeiro não estiver ativo, e só poderá utilizar técnicas de avaliação quando, além de o mercado do instrumento financeiro não estar ativo, o preço de cotação recente não for uma aproximação razoável do valor justo do instrumento financeiro na data da avaliação.

Mercado ativo é um mercado onde todas as seguintes condições existem: (a) os itens transacionados no mercado são homogêneos; (b) vendedores e compradores com disposição para negociar são encontrados a qualquer momento para efetuar a transação; e (c) os preços estão disponíveis para o público.

Observe que a identificação do valor justo é relevante, inclusive, para os títulos sem preço de mercado cotados em mercado ativo e cujo valor justo não possa ser confiavelmente medido, pois a mensuração da perda por irrecuperabilidade (*impairment*) consiste na comparação entre o valor contábil do ativo e seu maior valor recuperável (valor justo). Neste caso (título sem cotação em mercado ativo quando o valor justo não puder ser mensurado de forma confiável), o §11.25 (b) do IFRS *for* SMEs e do CPC-PME estabelece que o *impairment* deve ser medido como a diferença entre o valor contábil do investimento em participação societária classificada como instrumento financeiro e a melhor estimativa do montante que a entidade receberia caso fosse vender o ativo na data da demonstração contábil.

O objetivo de usar uma técnica de avaliação é estabelecer qual teria sido o preço da transação na data de mensuração em uma troca entre partes não relacionadas, sem favorecidos, motivada por considerações comerciais normais. As técnicas de valorização incluem o uso de recentes transações de mercado com isenção de participação entre partes conhecedoras e dispostas a isso (se estiverem disponíveis), referência ao valor justo corrente de outro instrumento que seja substancialmente o mesmo, análise do fluxo de caixa descontado e modelos de apreçamento de opções. Se existir uma técnica de avaliação comumente usada por participantes do mercado para determinar o preço do instrumento, e se ficar demonstrado que essa técnica proporciona estimativas confiáveis de preços obtidas em transações de mercado reais, a entidade poderá usá-la. A técnica de avaliação escolhida tira o máximo proveito dos *inputs* do mercado e confia o menos possível em *inputs* específicos da entidade. Ela incorpora todos os fatores que os participantes de mercado considerariam ao determinar o preço, e é consistente com metodologias econômicas aceitas para determinar o preço de instrumentos financeiros. Periodicamente a entidade calibra a técnica de avaliação e testa a sua validade usando preços de quaisquer transações de mercado correntes observáveis relativas ao mesmo instrumento, ou seja, sem modificação ou reempacotamento, ou baseadas em quaisquer dados de mercado observáveis e disponíveis.

Aplicável às empresas de grande porte e sociedades por ações (IFRS 9)

O critério de reconhecimento e baixa definidos nos §§3.1.1 e 3.1.2 do IFRS 9 segue a mesma lógica estabelecida nos §§11.12 e 11.33 (b) do IFRS for SMEs e do CPC-PME.

Quanto à mensuração, o IFRS 9 estabelece que o modelo de negócio da entidade investidora é que define se os investimentos em participações societárias classificados como instrumentos financeiros serão mensurados pelo valor justo ou pelo custo menos provisão para perda por irrecuperabilidade. Segundo os §§4.4 e 4.5 do IFRS 9, depreende-se que a regra de mensuração é o valor justo, sendo o método de custo uma exceção.

Aplicando-se a regra (valor justo), no reconhecimento inicial o instrumento financeiro é mensurado pelo valor justo (excluindo-se qualquer custo de transação incorrido na aquisição da participação societária). Nas mensurações subsequentes o título continua mensurado pelo valor justo, sendo a contrapartida do ajuste do valor contábil do investimento reconhecida no resultado do período, compondo o lucro líquido ou prejuízo do período (§5.4.1 do IFRS 9). Excepcionalmente, pode ser reconhecida como outros resultados abrangentes, não afetando o lucro líquido ou prejuízo do período, se a entidade assim decidir no ato do reconhecimento inicial (§5.4.4 do IFRS 9).

Segundo o §4.2 do IFRS 9, a exceção (mensuração pelo custo menos provisão para perda por irrecuperabilidade) só deve ser aplicada quando:

❑ o modelo de negócio da entidade indicar que seu objetivo, ao investir em tal participação societária classificada como instrumento financeiro, é o de manter o ativo, de forma a receber fluxos de caixa contratuais (por exemplo, receber fluxos de dividendos e juros sobre o capital próprio da entidade investida durante um período considerável);

❑ os termos do contrato do ativo financeiro derem origem, em datas específicas, a fluxos de caixa que consistam somente em amortização do principal e em juros sobre a parcela do principal ainda não amortizada.

Considerando que o contrato social da entidade investida estabelece sua política de distribuição de dividendos, e que os dividendos consistem na remuneração (juros) do capital do proprietário, a condição relevante para uma entidade de grande porte ou sociedade por ações mensurar investimentos em participações societárias classificados como instrumentos financeiros pelo método do custo é a relacionada ao modelo de negócio da entidade.

Reiterando que a regra de mensuração dos instrumentos financeiros é o valor justo, o §4.5 do IFRS 9 permite à entidade utilizar o método do valor justo mesmo que todas as condições do §4.2 sejam atendidas.

De acordo com o método do custo, no ato do reconhecimento a mensuração inicial é baseada no valor justo mais os custos de transação diretamente atribuíveis à aquisição do ativo financeiro (§5.1.1 do IFRS 9). Esse montante corresponde ao custo para o fim de mensurações subsequentes. Ganhos ou perdas, associados à baixa e perda por irrecuperabilidade, são reconhecidos no resultado do período (§5.4.2 do IFRS 9).

As definições de valor justo e de mercado ativo são as mesmas para o IFRS 9 e para a seção 11 do IFRS *for* SMEs e do CPC-PME. Entretanto, as etapas de determinação do valor justo são aparentemente distintas entre esses dois pronunciamentos contábeis.

O §5.2.1 do IFRS 9 referencia o §48A do IAS 39, segundo o qual a melhor evidência de valor justo é a existência de preços cotados em mercado ativo. Se o mercado para um instrumento financeiro não estiver ativo, a entidade estabelece o valor justo usando uma técnica de avaliação. Tal diferença é só aparente; afinal, a utilização de preço de cotação recente pode ser uma (ou parte de uma) das técnicas de avaliação.

Aplicável às empresas de grande porte e sociedades por ações (CPC 38)

Segundo o §14 do CPC 38, a entidade deve reconhecer o ativo financeiro nas suas demonstrações contábeis quando, e apenas quando, ela se tornar parte das disposições contratuais do instrumento. No tocante a participações societárias em outras entidades, a entidade objeto das demonstrações contábeis deverá reconhecer o ativo financeiro quando da aquisição dos mesmos (quando se tornar acionista ou cotista). A entidade deve baixar investimentos em títulos patrimoniais quando transferir a terceiros os riscos substanciais e os benefícios da propriedade de tais títulos (§20 do CPC 38). Portanto, quanto ao reconhecimento e à baixa, não há diferença entre o que é estabelecido pelos IFRS *for* SMEs (CPC-PME), IFRS 9 e CPC 38.

Quanto à mensuração, o §43 do CPC 38 estabelece que, no ato do reconhecimento, os títulos mantidos para negociação (*held for trading*) são mensurados inicialmente pelo valor justo (excluídos os custos de transação). Já os títulos disponíveis para a venda (*available-for-sale*) são mensurados inicialmente pelo valor justo mais os custos de transação que sejam diretamente atribuíveis à aquisição ou emissão do ativo financeiro. Nas duas classificações, caso os títulos não tenham preço de mercado cotado em mercado ativo e cujo valor justo não possa ser confiavelmente mensurado, devem ser medidos pelo custo (inclusive os custos de transação).

Na mensuração subsequente, os títulos mantidos para negociação (*held for trading*) continuam sendo mensurados pelo valor justo (sem descontar qualquer expectativa de custos de transação que possa incorrer em sua venda) com os ajustes respectivos reconhecidos no resultado do período (compondo o lucro líquido/prejuízo do período), conforme os §§45 e 55 (a) do CPC 38. Os títulos disponíveis para a venda (*available-for-sale*) também continuam sendo mensurados ao valor justo (sem descontar qualquer expectativa de custos de transação que possa incorrer em sua venda). Entretanto, os ajustes respectivos são reconhecidos como outro resultado abrangente (de forma a não compor o lucro líquido/prejuízo do período) deduzido de perda por irrecuperabilidade (*impairment*), conforme os §§46 e 55 (b) do CPC 38.

Nas duas classificações, caso os títulos não tenham preço de mercado cotado em mercado ativo e cujo valor justo não possa ser confiavelmente mensurado, devem ser medidos pelo custo (inclusive os custos de transação) deduzido de perda por irrecuperabilidade (*impairment*).

Detalhamento das políticas contábeis

Vamos explicar um pouco mais detalhadamente os modelos do valor justo e do custo menos perda por irrecuperabilidade.

Observe que não se trata de uma livre escolha. Os instrumentos patrimoniais não classificados como investimentos em controladas, controladas em conjunto ou coligadas devem ser mensurados pelo valor justo.

O modelo do custo menos perda por irrecuperabilidade só deve ser adotado excepcionalmente, isto é, quando o valor justo não puder ser determinado de forma confiável sem custo ou esforço indevido. Portanto, se deixarem de existir condições para a mensuração do valor justo de determinado instrumento patrimonial, seu último valor justo contabilizado (o valor contábil) passará a ser considerado seu valor de custo, e o instrumento passará a ser contabilizado segundo o modelo do custo. Caso, no futuro, voltem a existir condições para se determinar o valor justo desse instrumento de forma confiável, volta-se a contabilizá-lo pelo modelo do valor justo.

Modelo do valor justo

Segundo o modelo do valor justo, os instrumentos financeiros são por ele avaliados periodicamente (na data da demonstração contábil). A variação do valor justo na data da demonstração contábil e o valor contábil (valor justo na data da última demonstração contábil) são normalmente reconhecidos no resultado do período ou, excepcionalmente, reconhecidos diretamente no patrimônio líquido (mediante outros resultados abrangentes). Portanto:

- ❑ na mensuração inicial (isto é, no ato do reconhecimento) os instrumentos financeiros que se qualificam para contabilização pelo modelo do valor justo são mensurados pelo preço da transação. Observe que não deve ser incluído qualquer custo de transação;
- ❑ na mensuração subsequente (isto é, a cada data das demonstrações contábeis) esses instrumentos financeiros devem ser mensurados pelo valor justo. O valor justo deve ser determinado seguindo a hierarquia:

a) preço de cotação corrente de ativo idêntico em mercado ativo;
b) se não houver informação relativa ao preço corrente, então preço de cotação recente de ativo idêntico, desde que não tenha havido alteração significativa nas circunstâncias econômicas ou não se tenha passado muito tempo desde a última cotação;
c) se não for possível determinar o valor justo mediante (a) nem (b), então estimar o preço que a entidade obteria caso vendesse o instrumento financeiro numa transação com terceiros independentes, conhecedores do assunto e dispostos a negociar sem favorecimento e em condições normais de negócio, mediante técnicas de avaliação de ativos.

Modelo do custo menos perda por irrecuperabilidade

Segundo o modelo do custo menos perda por irrecuperabilidade, os instrumentos financeiros são contabilizados pelo custo da operação (incluindo os custos de transação, como taxas de corretagem) e são periodicamente testados para irrecuperabilidade (*impairment*). Identificando-se que o valor contábil é irrecuperável, a perda é imediatamente reconhecida no resultado do período. Portanto:

❏ na mensuração inicial (isto é, no ato do reconhecimento) os instrumentos financeiros que se qualificam para contabilização pelo modelo do custo menos perda por irrecuperabilidade são mensurados pelo custo da operação (isto é, o preço transacionado). Observe que, neste caso, devem ser incluídos os custos de transação;
❏ dividendos recebidos (ou declarados, mas ainda não pagos pela entidade investida) são reconhecidos no resultado do período

como receita, sem considerar se as distribuições são de lucros acumulados ocorridos antes ou depois da data de aquisição;
❏ na mensuração subsequente (isto é, a cada data das demonstrações contábeis), a entidade deve buscar evidências de que o valor contábil desses instrumentos financeiros é ou não recuperável. A seguir uma relação de indícios que podem evidenciar tal irrecuperabilidade:

a) significativa dificuldade financeira enfrentada pelo emissor do instrumento financeiro (entidade investida);
b) quebra contratual (por exemplo, inadimplência) por parte da entidade investida;
c) credores da entidade investida lhe conferem concessões que não seriam concedidas caso ela não estivesse com dificuldades financeiras;
d) é provável que a entidade investida entre em processo de recuperação judicial ou falimentar;
e) variáveis observáveis indicam haver significativa redução no valor dos fluxos de caixa esperados de um conjunto de ativos da entidade investida.

A perda é mensurada pela diferença entre o valor contábil e o valor justo do instrumento financeiro na data da demonstração contábil. Sendo o valor justo menor que o valor contábil, a perda deve ser reconhecida imediatamente no resultado do período. O valor justo, para fins da mensuração da perda por irrecuperabilidade, é determinado segundo a hierarquia de determinação do valor justo.

Observe que o valor justo não precisa ser determinado a cada data das demonstrações contábeis, mas somente se forem identificados indícios da irrecuperabilidade do valor contábil. Afinal, se a investidora contabiliza seus investimentos em instrumentos patrimoniais pelo modelo do custo é porque não tem condições de determinar o valor justo de forma confiável sem custo ou esforço indevido.

Observe, também, que pelo modelo do valor justo (apresentado na seção de mesmo nome) não há que se falar em teste de irrecuperabilidade; afinal, o instrumento patrimonial fica sempre mensurado pelo valor justo.

Resumo e comparação entre os pronunciamentos contábeis

Quanto ao reconhecimento e baixa, não há diferença entre os pronunciamentos contábeis. Por outro lado, quanto à classificação e à mensuração há diferenças significativas entre as regras apresentadas na seção 11 do IFRS for SMEs (CPC-PME), no IFRS 9 e no CPC 38. O quadro 2 resume essas diferenças.

Quadro 2
DIFERENÇAS ENTRE OS PRONUNCIAMENTOS CONTÁBEIS

Classificação	Mensuração inicial	Mensuração subsequente
Aplicável às empresas de pequeno e médio portes (IFRS for SMEs e CPC-PME)		
Títulos negociados publicamente ou se seu valor justo puder ser medido de forma confiável	Valor justo (excluídos os custos de transação).	Valor justo (sem descontar qualquer expectativa de custos de transação que possam incorrer em sua venda), sendo o ajuste ao valor justo reconhecido no resultado do período.
Títulos não negociados publicamente ou se seu valor justo não puder ser medido de forma confiável.	Custo de aquisição (inclusive os custos de transação).	Custo deduzido de perda por irrecuperabilidade (*impairment*).
Aplicável às entidades de grande porte ou sociedades por ações (IFRS 9)		
Investimentos patrimoniais que, segundo o modelo de negócio da entidade, são mantidos para receber fluxos de caixa contratuais e cujos termos do contrato dão origem, em datas específicas, a fluxos de caixa relativos a amortização do principal e juros.	Custo de aquisição (inclusive os custos de transação).	Custo deduzido de perda por irrecuperabilidade (*impairment*) reconhecida no resultado do período.

continua

Classificação	Mensuração inicial	Mensuração subsequente
Demais investimentos patrimoniais (e quando a entidade optar, mesmo que atenda às condições do §4.2)	Valor justo (excluídos os custos de transação).	Valor justo (sem descontar qualquer expectativa de custos de transação que possam incorrer em sua venda), sendo o ajuste ao valor justo reconhecido no resultado do período (ou como outros resultados abrangentes, caso a entidade assim opte no reconhecimento inicial).
Aplicável às entidades de grande porte ou sociedades por ações (CPC 38)		
Títulos mantidos para negociação (*held for trading*), existindo preço de mercado cotado em mercado ativo e cujo valor justo possa ser confiavelmente medido.	Valor justo (excluídos os custos de transação).	Valor justo (sem descontar qualquer expectativa de custos de transação que possam incorrer em sua venda), sendo o ajuste ao valor justo reconhecido no resultado do período.
Títulos mantidos para negociação (*held for trading*), sem preço de mercado cotado em mercado ativo e cujo valor justo não possa ser confiavelmente medido.	Custo de aquisição (inclusive os custos de transação).	Custo deduzido de perda por irrecuperabilidade (*impairment*).
Títulos disponíveis para a venda (*available-for-sale*), existindo preço de mercado cotado em mercado ativo e cujo valor justo possa ser confiavelmente medido.	Valor justo (somados os custos de transação).	Valor justo (sem descontar qualquer expectativa de custos de transação que possam incorrer em sua venda), sendo o ajuste ao valor justo reconhecido como outro resultado abrangente; havendo indicador de *impairment*, a perda por irrecuperabilidade deve ser reconhecida no resultado do período.
Títulos disponíveis para a venda (*available-for-sale*), sem preço de mercado cotado em mercado ativo e cujo valor justo não possa ser confiavelmente medido.	Custo de aquisição (inclusive os custos de transação).	Custo deduzido de perda por irrecuperabilidade (*impairment*).

Contabilização de transações básicas

Considerando que o CPC deverá emitir em breve pronunciamento relativo à tradução do IFRS 9, não são apresentados exemplos relacionados à aplicação do CPC 38.

*Aplicável às pequenas e médias empresas
(seção 11 do IFRS for SMEs e do CPC-PME)*

Exemplo 1 — Classificação, reconhecimento, baixa e mensuração, contabilização por uma pequena ou média empresa

Em 1º de novembro de 20X0 a empresa de pequeno porte PME Y adquire de terceiros independentes, numa transação sem favorecidos, ações da companhia aberta Cia. X, listadas na bolsa de valores, por $ 10.000 à vista + $ 500 de custos de corretagem.

Na mesma data a PME Y adquire de terceiros independentes, numa transação sem favorecidos, cotas do capital social da sociedade por cotas de responsabilidade limitada Ltda. Z (cujas cotas não são listadas em qualquer mercado ativo e seu valor justo não pode ser estimado de forma confiável) por $ 8.000 + custos de transação de $ 1.200. A Cia. X e a Ltda. Z não são controladas, controladas em conjunto nem coligadas da PME Y.

Em 30 de novembro de 20X0 a PME Y ainda não havia vendido quaisquer ações da Cia. X nem quaisquer cotas do capital social da Ltda. Z. Nessa data, as ações da Cia. X (do tipo e espécie detidos pela PME Y) estavam sendo negociadas na bolsa de valores e, de acordo com seu preço de cotação, o valor justo do investimento da PME Y na Cia. X estava estimado em $ 11.300. O valor justo das cotas do capital social da Ltda. Z ainda não podia ser estimado de forma confiável, e não existia qualquer indício de perda por irrecuperabilidade desse investimento.

Em 30 de dezembro de 20X0 a PME Y vendeu sua participação na Ltda. Z por $ 11.050, transferindo ao adquirente todos os riscos e benefícios associados à propriedade de tal investimento. Nessa transação a PME Y incorreu em custos de transação no montante de $ 700.

Em 31 de dezembro de 20X0 a PME Y ainda não havia vendido sua participação na Cia. X, cujas ações continuavam negociadas na bolsa de valores, de forma que o valor justo do investimento da PME Y nos títulos patrimoniais da Cia. X era estimado em $ 11.100.

CLASSIFICAÇÃO

Ambos os investimentos detidos pela PME Y são classificados, como instrumentos financeiros, em instrumentos patrimoniais não classificados como investimentos em controladas, controladas em conjunto nem coligadas; portanto, deve ser aplicada a seção 11 do IFRS *for* SMEs (CPC-PME). O investimento na Cia. X corresponde a um título negociado publicamente, cujo valor justo pode ser mensurado confiavelmente. O investimento na Ltda. Z corresponde a um título não negociado publicamente, cujo valor justo não pode ser mensurado confiavelmente.

RECONHECIMENTO

Em 1º de novembro e 20X0, a PME Y se tornou acionista da Cia. X e cotista a Ltda. Z; portanto, deve reconhecer tais investimentos em sua demonstração da posição financeira (balanço patrimonial) nessa data.

Mensuração inicial

Os títulos patrimoniais (ações) da Cia. X são mensurados inicialmente pelo valor justo (excluídos os custos de transação), ou seja, $ 10.000, porque são títulos negociados em um mercado ativo e seu valor justo pode ser mensurado de forma confiável, ao passo que os títulos patrimoniais (cotas) da Ltda. Z são mensurados inicialmente pelo custo de aquisição (inclusive os custos de transação), ou seja, $ 9.200 (cálculo: $ 8.000 de custo de aquisição + $ 1.200 de custos de transação) porque não são negociados em um mercado ativo e seu valor justo não pode ser mensurado de forma confiável.

Em 1º de novembro de 20X0 a PME Y poderia registrar os seguintes lançamentos contábeis:

Débito	Instrumentos financeiros – títulos negociados em mercado ativo (Cia. X)	$ 10.000
Crédito	Caixa	$ 10.000
Para reconhecer a aquisição de participação societária na Cia. X, investimento mensurado pelo valor justo no resultado do período.		

Débito	Resultado do período – despesa de corretagem (Cia. X)	$ 500
Crédito	Caixa	$ 500
Para reconhecer os custos de transação incorridos na compra de título negociado em mercado ativo (Cia. X).		

Débito	Instrumentos financeiros – títulos não negociados em mercado ativo (Ltda. Z)	$ 9.200
Crédito	Caixa	$ 9.200
Para reconhecer a aquisição de participação societária na Ltda. Z, investimento mensurado pelo custo menos perda por irrecuperabilidade, porque seu valor justo não pode ser estimado de forma confiável.		

Mensuração subsequente (30 de novembro de 20X0)

O investimento nas cotas da Ltda. Z continuou mensurado ao custo ($ 9.200); portanto, nenhum ajuste foi contabilizado pela PME Y para esse investimento. Por outro lado, o investimento em ações da Cia. X precisa ter seu valor contábil ajustado pela variação do valor justo no montante de $ 1.300 (isto é, $ 11.300, valor justo atual, – $ 10.000, valor contábil). Esse ajuste é reconhecido no resultado do período, mediante o seguinte lançamento contábil:

Débito	Instrumentos financeiros – títulos negociados em mercado ativo (Cia. X)	$ 1.300
Crédito	Resultado do período – mudança no valor justo de títulos negociados em mercado ativo	$ 1.300
Para reconhecer a mudança no valor justo de investimento na Cia. X, mensurado pelo valor justo no resultado do período.		

Baixa (30 de dezembro de 20X0)

Na venda das cotas da Ltda. Z, a PME Y auferiu um ganho de $ 1.150 (isto é, $ 11.050, preço de venda, – $ 700 correspondentes aos custos de transação para vender – $ 9.200 referentes ao custo total de aquisição), o que poderia ser registrado mediante os seguintes lançamentos contábeis:

Débito	Caixa	$ 11.050
Crédito	Instrumentos financeiros – títulos não negociados em mercado ativo (Ltda. Z)	$ 9.200
Crédito	Resultado do período – ganho na venda de títulos não negociados em mercado ativo	$ 1.150
Para reconhecer a venda e a baixa de participação societária na Ltda. Z, investimento mensurado pelo custo menos perda por irrecuperabilidade, porque seu valor justo não pode ser estimado de forma confiável.		

Mensuração subsequente (31 de dezembro de 20X0)

O investimento em ações da Cia. X precisa ter seu valor contábil ajustado pela variação do valor justo no montante de $ 200 (isto é, $ 11.100, valor justo atual, – $ 11.300, valor contábil), o que poderia ser registrado mediante o seguinte lançamento:

Débito	Resultado do período – mudança no valor justo de títulos negociados em mercado ativo	$ 200
Crédito	Instrumentos financeiros – títulos negociados em mercado ativo (Cia. X)	$ 200
Para reconhecer a mudança no valor justo de investimento na Cia. X, mensurado pelo valor justo no resultado do período.		

Assumindo que a demonstração da posição financeira (balanço patrimonial) da PME Y em 1º de novembro de 20X0 apresentava caixa de $ 50.000 e capital social de $ 50.000, e considerando que durante o período analisado a PME Y não realizou qualquer outra transação, as demonstrações contábeis a seguir seriam apresentadas como se segue.

Tabela 1
Demonstração do desempenho financeiro

PME Y Demonstração do resultado do período (demonstração do desempenho financeiro)			
	Período 01-11-20X0 a 30-11-20X0 ($)	Período 01-12-20X0 a 31-12-20X0 ($)	Total: período 01-11-20X0 a 31-12-20X0 ($)
Resultado financeiro			
Despesa de corretagem	(500)	–	(500)
Mudança no valor justo de instrumentos financeiros	1.300	(200)	1.100
Ganho na venda de títulos	–	1.150	1.150
Total do resultado financeiro	800	950	1.750
Resultado do período	800	950	1.750

Tabela 2
DEMONSTRAÇÃO DA POSIÇÃO FINANCEIRA

PME Y Balanço patrimonial (demonstração da posição financeira)			
	Período encerrado em 31-10-20X0 ($)	Período encerrado em 30-11-20X0 ($)	Período encerrado em 31-12-20X0 ($)
Ativo			
Ativo circulante			
Caixa	50.000	30.300	40.650
Instrumentos financeiros (participações societárias)	–	20.500	11.100
Total do ativo circulante	50.000	50.800	51.750
Total do ativo	50.000	50.800	51.750
Passivo	–	–	–
Total do passivo	–	–	–
Ativos líquidos	50.000	50.800	51.750
Patrimônio líquido			
Capital social	50.000	50.000	50.000
Reservas de lucros	–	800	1.750
Total do patrimônio líquido	50.000	50.800	51.750

Tabela 3
DEMONSTRAÇÃO DAS MUTAÇÕES DO PATRIMÔNIO LÍQUIDO

PME Y Demonstração das mutações do patrimônio líquido			
	Capital social ($)	Reservas de lucros ($)	Total do patrimônio líquido ($)
Saldos em 1-11-20X0	50.000	—	50.000
Lucro do período	—	800	800
Saldos em 30-11-20X0	50.000	800	50.800
Lucro do período	—	950	950
Saldos em 31-12-20X0	50.000	1.750	51.750

Tabela 4
DEMONSTRAÇÃO DOS FLUXOS DE CAIXA

PME Y Demonstração dos fluxos de caixa			
	Período 01-11-20X0 a 30-11-20X0 ($)	Período 01-12-20X0 a 31-12-20X0 ($)	Total Período 01-11-20X0 a 31-12-20X0 ($)
Fluxo de caixa da atividade operacional			
Caixa gerado pela (consumido na) atividade operacional	—	—	—
Fluxo de caixa da atividade de investimento			
Pagamentos — aquisição de instrumentos financeiros	(19.700)	—	(19.700)
Recebimentos — da venda de instrumentos financeiros (líquido)	—	10.350	10.350
Caixa gerado pela (consumido na) atividade de investimento	(19.700)	10.350	(9.350)
Fluxo de caixa da atividade de financiamento			
Caixa gerado pela (consumido na) atividade de financiamento	—	—	—
Variação do saldo de caixa e equivalentes	(19.700)	10.350	(9.350)
Saldo inicial de caixa e equivalentes	50.000	30.300	50.000
Saldo final de caixa e equivalentes	30.300	40.650	40.650

*Aplicável às empresas de grande porte
e sociedades por ações (IFRS 9)*

Exemplo 2 — Classificação, reconhecimento, baixa e mensuração, contabilização por uma entidade de grande porte ou sociedade por ações (conforme o IFRS 9)

Em 1º de novembro de 20X0 a sociedade por ações Cia. F adquire de terceiros independentes, numa transação sem favorecidos, ações da companhia aberta Cia. J, cujas ações são listadas na bolsa de valores, por $ 10.000 à vista + $ 500 de custos de corretagem. De acordo com a legislação vigente e com o estatuto social da Cia. J, seus acionistas têm o direito de receber dividendos equivalentes a, no mínimo, 25% do lucro ajustado do período, até o dia 12 de abril do ano subsequente ao da data das demonstrações contábeis anuais.

Na mesma data a Cia. F adquire de terceiros independentes, numa transação sem favorecidos, cotas do capital social da sociedade por cotas de responsabilidade limitada Ltda. C por $ 8.000 + custos de transação de $ 1.200. Tais cotas não são listadas em qualquer mercado ativo e seu valor justo não pode ser estimado de forma confiável. De acordo com a legislação vigente e com o contrato social da Ltda. C, seus proprietários têm o direito de receber dividendos equivalentes a, no mínimo, 50% do lucro do período, até o dia 31 de maio do ano subsequente ao da data das demonstrações contábeis anuais.

A Cia. J e a Ltda. C não são controladas, controladas em conjunto nem coligadas da Cia. F.

Segundo o modelo de negócios da Cia. F, os instrumentos patrimoniais que não são classificados como investimentos em controladas, controladas em conjunto nem coligadas são mantidos para a obtenção de fluxos de dividendos ou para negociação no mercado.

Em 30 de novembro de 20X0 a Cia. F ainda não havia vendido quaisquer ações da Cia. J nem quaisquer cotas do capital social da Ltda. C. Nessa data, as ações da Cia. J (do tipo e espécie detidos pela Cia. F) estavam sendo negociadas na bolsa de valores e, de acordo com seu preço de cotação, o valor justo do investimento da Cia. F na Cia. J estava estimado em $ 11.300. O valor justo das cotas do capital social da Ltda. C foi estimado em $ 7.950, conforme a técnica de avaliação que consiste em descontar os fluxos livres de caixa esperados para os próximos 40 anos pela taxa de juros formada pela taxa livre de risco, mais o prêmio pelo risco específico da Ltda. C.

Em 30 de dezembro de 20X0 a Cia. F vendeu sua participação na Cia. J por $ 14.000, transferindo ao adquirente todos os riscos e benefícios associados à propriedade de tal investimento. Nessa operação a Cia. J incorreu em custos de transação no montante de $ 70.

Em 31 de dezembro de 20X0 a Cia. F ainda não havia vendido sua participação na Ltda. J, e o valor justo do investimento da Cia. F na Ltda. J, medido pelo mesmo critério utilizado no mês anterior, era estimado em $ 8.010.

Classificação

Ambos os investimentos detidos pela Cia. F são classificados, como instrumentos financeiros, em instrumentos patrimoniais não classificados como investimentos em controladas, controladas em conjunto nem coligadas; portanto, deve ser aplicado o IFRS 9.

Reconhecimento

Em 1º de novembro de 20X0 a Cia. F se tornou acionista da Cia. J e cotista da Ltda. C; portanto, deve reconhecer tais investimentos em sua demonstração da posição financeira (balanço patrimonial) nessa data.

MENSURAÇÃO INICIAL

Os contratos relativos aos títulos representativos de ambos os investimentos (legislação vigente, estatuto social da Cia. J e contrato social da Ltda. C) asseguram à Cia. F o direito de receber dividendos em datas preestabelecidas. Ademais, segundo o modelo de negócios da Cia. F, tais investimentos são mantidos para a obtenção de fluxos de caixa contratuais. Portanto, ambos os investimentos são mensurados inicialmente pelo valor justo (excluídos os custos de transação), ou seja, $ 10.000 (investimentos na Cia. J) e $ 8.000 (investimentos na Ltda. C).

Em 1º de novembro de 20X0 a Cia. F poderia registrar os seguintes lançamentos contábeis:

Débito	Instrumentos financeiros – instrumentos patrimoniais (Cia. J)	$ 10.000
Crédito	Caixa	$ 10.000
Para reconhecer a aquisição de participação societária na Cia. J, investimento mensurado pelo valor justo no resultado do período.		

Débito	Instrumentos financeiros – instrumentos patrimoniais (Ltda. C)	$ 8.000
Crédito	Caixa	$ 8.000
Para reconhecer a aquisição de participação societária na Ltda. C, investimento mensurado pelo valor justo no resultado do período.		

Débito	Resultado do período – despesa de corretagem	$ 1.700[a]
Crédito	Caixa	$ 1.700
Para reconhecer os custos de transação incorridos na compra de instrumentos financeiros.		
[a] $ 500 relativos à compra de instrumentos patrimoniais da Cia. J + $ 1.200 relativos à compra de instrumentos patrimoniais da Ltda. C = $ 1.700.		

Mensuração subsequente (30 de novembro de 20X0)

Ambos os investimentos precisam ter seu valor contábil ajustado pela variação do valor justo. A Cia. F reconhece esse ajuste no resultado do período, mediante o seguinte lançamento contábil:

Débito	Instrumentos financeiros – instrumentos patrimoniais (Cia. J)	$ 1.300[b]
Crédito	Instrumentos financeiros – instrumentos patrimoniais (Ltda. C)	$ 50[c]
Crédito	Resultado do período – mudança no valor justo de instrumentos financeiros	$ 1.250[d]

Para reconhecer a mudança no valor justo de investimentos na Cia. J e na Ltda. C, ambos mensurados pelo valor justo no resultado do período.

[b] $ 11.300, valor justo em 30-11-20X0, – $ 10.000, custo (valor justo na data da aquisição) = $ 1.300, variação no valor justo.

[c] $ 7.950, valor justo em 30-11-20X0, – $ 8.000, custo (valor justo na data da aquisição) = – $ 50, variação no valor justo.

[d] $ 1.300, variação (positiva) no valor justo do investimento na Cia. J, + $ 50, variação (negativa) no valor justo do investimento na Ltda. C.

Baixa (30 de dezembro de 20X0)

Na venda das ações da Cia. J, a Cia. F auferiu um ganho líquido de $ 2.630, isto é, $ 2.700 relativos à diferença entre o valor justo (cálculo: $ 14.000, preço de venda, – $ 11.300, valor contábil do ativo) – $ 70, custos de transação para vender, o que poderia ser registrado mediante os seguintes lançamentos contábeis:

Débito	Resultado do período – despesa de corretagem	$ 70
Crédito	Caixa	$ 70

Para reconhecer os custos de transação incorridos na venda de instrumentos financeiros (Cia. J).

Débito	Caixa	$ 14.000
Crédito	Instrumentos financeiros – instrumentos patrimoniais (Cia. J)	$ 11.300
Crédito	Resultado do período – mudança no valor justo de instrumentos financeiros	$ 2.700

Para reconhecer a venda e a baixa de participação societária na Cia. J, investimento mensurado pelo valor justo no resultado.

MENSURAÇÃO SUBSEQUENTE (31 DE DEZEMBRO DE 20X0)

O investimento em ações da Ltda. C precisa ter seu valor contábil ajustado pela variação do valor justo no montante de $ 60 (isto é, $ 8.010, valor justo atual, – $ 7.950, valor contábil), o que poderia ser registrado mediante o seguinte lançamento:

Débito	Resultado do período – mudança no valor justo de instrumentos financeiros	$ 60
Crédito	Instrumentos financeiros – instrumentos patrimoniais (Ltda. C)	$ 60
Para reconhecer a mudança no valor justo de investimento na Ltda. C, mensurado pelo valor justo no resultado do período.		

Assumindo que a demonstração da posição financeira (balanço patrimonial) da Cia. F em 1º de novembro de 20X0 apresentava caixa de $ 50.000 e capital social de $ 50.000, e considerando que durante o período analisado a Cia. F não realizou qualquer outra transação, as demonstrações contábeis abaixo seriam apresentadas.

Tabela 5
DEMONSTRAÇÃO DO DESEMPENHO FINANCEIRO

Cia. F Demonstração do resultado do período (demonstração do desempenho financeiro)			
	Período 01-11-20X0 a 30-11-20X0 ($)	Período 01-12-20X0 a 31-12-20X0 ($)	Total: período 01-11-20X0 a 31-12-20X0 ($)
Resultado financeiro			
Despesa de corretagem	(1.700)	(70)	(1.770)
Mudança no valor justo de instrumentos financeiros	1.250	2.700	3.950
Total do resultado financeiro	(450)	2.630	2.180
Resultado do período	(450)	2.630	2.180

Tabela 6
DEMONSTRAÇÃO DA POSIÇÃO FINANCEIRA

Cia. F Balanço patrimonial (demonstração da posição financeira)			
	Período encerrado em 31-10-20X0 ($)	Período encerrado em 30-11-20X0 ($)	Período encerrado em 31-12-20X0 ($)
Ativo			
Ativo circulante			
Caixa	50.000	30.300	44.230
Instrumentos financeiros (participações societárias)	—	19.250	8.010
Total do ativo circulante	50.000	49.550	52.240
Total do ativo	50.000	49.550	52.240
Passivo	—	—	—
Total do passivo	—	—	—
Ativos líquidos	50.000	49.550	52.240
Patrimônio líquido			
Capital social	50.000	50.000	50.000
Reservas de lucros	—	(450)	2.180
Total do patrimônio líquido	50.000	49.550	52.180

Tabela 7
DEMONSTRAÇÃO DAS MUTAÇÕES DO PATRIMÔNIO LÍQUIDO

Cia. F Demonstração das mutações do patrimônio líquido			
	Capital social ($)	Reservas de lucros ($)	Total do patrimônio líquido ($)
Saldos em 1-11-20X0	50.000	—	50.000
Prejuízo do período	—	(450)	(450)
Saldos em 30-11-20X0	50.000	(450)	49.550
Lucro do período	—	2.630	2.630
Saldos em 31-12-20X0	50.000	2.180	52.180

Tabela 8
DEMONSTRAÇÃO DOS FLUXOS DE CAIXA

Cia. F Demonstração dos fluxos de caixa			
	Período 01-11-20X0 a 30-11-20X0 ($)	Período 01-12-20X0 a 31-12-20X0 ($)	Total Período 01-11-20X0 a 31-12-20X0 ($)
Fluxo de caixa da atividade operacional			
Caixa gerado pela (consumido na) atividade operacional	—	—	—
Fluxo de caixa da atividade de investimento			
Pagamentos — aquisição de instrumentos financeiros	(19.700)	—	—
Recebimentos — da venda de instrumentos financeiros (líquido)	—	13.930	13.930
Caixa gerado pela (consumido na) atividade de investimento	(19.700)	13.930	(5.770)
Fluxo de caixa da atividade de financiamento			
Caixa gerado pela (consumido na) atividade de financiamento	—	—	—
Variação do saldo de caixa e equivalentes	(19.700)	13.930	(5.770)
Saldo inicial de caixa e equivalentes	50.000	30.300	50.000
Saldo final de caixa e equivalentes	30.300	44.230	44.230

Contabilização de outras transações e eventos

Nesta seção são apresentados comentários relativos à contabilização das seguintes transações e eventos:

❑ entidade investida distribui e paga dividendos;
❑ compra do mesmo título em duas datas por preços diferentes;
❑ perdas com o título.

Embora os exemplos estejam construídos de forma a sugerir se tratar de uma PME, os mecanismos contábeis cobertos nestes exemplos também são aplicáveis às companhias listadas.[3]

Distribuição de dividendos pela investida

Exemplo 3 — Recebimento de dividendos (valor justo)

Este exemplo é uma extensão do exemplo 1.

Em 31 de março de 20X1 a Cia. X declara dividendos totais no montante de $ 2.000 (desse montante, cabem à PME Y dividendos no montante total de $ 100 — admitindo participação acionária de 5%). Nessa data o valor justo do investimento da PME Y na Cia. X foi determinado em $ 11.000.

Em 12 de abril de 20X1 a Cia. X paga os dividendos declarados em março. Nessa data não houve alteração no valor justo do investimento da PME Y na Cia. X em relação ao mensurado em março.

Segundo o regime de competência, o direito de receber dividendos deve ser reconhecido quando o fluxo de benefícios econômicos associados à transação flui para a entidade e o montante dos dividendos pode ser mensurado confiavelmente. Portanto, é provável que os dividendos possam ser reconhecidos na data que a entidade investida declarar o montante dos dividendos a serem distribuídos a seus proprietários. Segundo a teoria de finanças, a distribuição de dividendos por uma entidade provoca redução imediata em seu valor justo, em montante equivalente ao dos dividendos distribuídos. Portanto, o direito de receber dividendos decorrente de investimentos mensurados pelo valor justo não é

---

[3] Entende-se por "companhias listadas" aquelas cujas ações são negociadas num mercado público, como a Bolsa de Valores.

reconhecido como receita no resultado do período, mas como realização parcial do investimento (redução do valor justo).

Em 31 de março de 20X1 a PME Y poderia reconhecer os dividendos a receber da seguinte forma:

Débito	Dividendos a receber	$ 100
Crédito	Instrumentos financeiros – títulos negociados em mercado ativo (Cia. X)	$ 100
Para reconhecer a mudança no valor justo de investimento na Cia. X, mensurado pelo valor justo no resultado do período, decorrente da distribuição de dividendos.		

Em 31 de março de 20X1, logo após o reconhecimento dos dividendos a receber, os instrumentos financeiros seriam avaliados em $ 11.000 ($ 11.100, valor contábil, – $ 100, dividendos), o que é igual a seu valor justo.

Os dividendos efetivamente recebidos pela PME Y em 12 de abril de 20X1 poderiam ser apresentados na demonstração de fluxos de caixa como fluxos de caixa gerados pelas atividades de investimento ou operacionais (§7.15 do IFRS for SMEs e do CPC-PME).

Exemplo 4 – Recebimento de dividendos (custo)

Os fatos são os mesmos do exemplo 3. Entretanto, neste exemplo a Cia. X é mensurada pelo custo menos perda por irrecuperabilidade (por exemplo, seu valor justo não pode ser mensurado de forma confiável).

Neste caso, o direito de receber dividendos seria reconhecido, na data que a entidade investida declara os dividendos a pagar, como uma receita no resultado do período. Afinal, segundo a seção 23 do IFRS for SMEs e do CPC-PME, a receita decorrente de dividendos será reconhecida quando for provável que os benefícios econômicos associados à transação fluam para a entidade, e o montante da receita possa ser mensurado confiavelmente (§23.28). Em outras palavras, a receita de dividendos deve ser reconhecida quando o direito de o acionista (cotista) receber os dividendos for estabelecido (§23.29).

Em 31 de março de 20X1 a PME Y poderia reconhecer os dividendos a receber da seguinte forma:

Débito	Dividendos a receber	$ 100
Crédito	Resultado do período – receita de dividendos	$ 100
Para reconhecer a receita de dividendos associados à Cia. X, mensurados pelo custo menos perda por irrecuperabilidade.		

Em 31 de março de 20X1, logo após o reconhecimento dos dividendos a receber, os instrumentos financeiros continuariam avaliados por seu custo.

Os dividendos efetivamente recebidos pela PME Y em 12 de abril de 20X1 poderiam ser apresentados na demonstração de fluxos de caixa como fluxos de caixa gerados pelas atividades de investimento ou operacionais (§7.15 do IFRS *for* SMEs e do CPC-PME).

Compra do mesmo título em datas diferentes

Exemplo 5 – Compra do mesmo título em duas datas por preços diferentes (valor justo)

Este exemplo é uma extensão do exemplo 1.

Em 1º de janeiro de 20X1 a PME Y dobra sua participação na Cia. X mediante a compra, de terceiros independentes, numa transação sem favorecidos, de ações que correspondem a 5% do capital social da Cia. X, por $ 12.000.

Em 21 de janeiro de 20X1 a PME Y vende, para terceiros independentes, numa transação sem favorecidos, 2/3 das ações que detém da Cia. X, por $ 16.280.

O reconhecimento da transação de venda de títulos mensurados pelo valor justo é muito simples, mesmo que os títulos tenham sido comprados em datas distintas por preços diferentes. Afinal, se as transações forem realizadas com terceiros independentes e conhecedores do objeto da transação, sem favorecidos, o preço da transação representará o valor justo dos ativos negociados.

Portanto, em 1º de janeiro de 20X1, a compra de ações da Cia. X e o ajuste a valor presente das ações adquiridas no período anterior poderiam ser reconhecidos pela PME Y da seguinte forma:

Débito	Instrumentos financeiros — títulos negociados em mercado ativo (Cia. X)	$ 12.000[a]
Crédito	Caixa	$ 12.000
Para reconhecer a aquisição de participação societária na Cia. X, investimento mensurado pelo valor justo no resultado do período.		
[a] Buscando simplificar o exemplo, ignorou-se qualquer custo de transação, que, neste caso, seria reconhecido no resultado do período (ou seja, investimento mensurado pelo valor justo).		

Débito	Instrumentos financeiros — títulos negociados em mercado ativo (Cia. X)	$ 900[b]
Crédito	Resultado do período — mudança no valor justo de títulos negociados em mercado ativo	$ 900
Para reconhecer a mudança no valor justo de investimento na Cia. X, mensurado pelo valor justo no resultado do período.		
[b] $ 12.000 valor justo em 1-1-20X1 – $ 11.100 valor contábil em 31-12-20X0 = $ 900.		

Desconsiderando-se qualquer alteração no valor justo do investimento, em 21 de janeiro de 20X1 — imediatamente antes da venda de parte das ações da Cia. X — os instrumentos financeiros estavam avaliados em $ 24.000 (isto é, $ 11.100, valor contábil em 31-12-20X0, + $ 12.000, custo de aquisição em 1-1-20X1, + $ 900, mudança no valor justo em 1-1-20X1). Ao vender parte das ações em 21 de janeiro de 20X1 pelo valor justo de $ 16.280, é necessário reconhecer a baixa da parcela vendida (2/3 do total) e a mudança no valor justo da parcela retida (1/3 do total), como demonstrado a seguir:

Débito	Caixa	$ 16.280$^{(c)}$
Crédito	Instrumentos financeiros – títulos negociados em mercado ativo (Cia. X)	16.000^{(d)}$
Crédito	Resultado do período – mudança no valor justo de títulos negociados em mercado ativo	$ 280$^{(e)}$

Para reconhecer a venda de 2/3 da participação societária na Cia. X, investimento mensurado pelo valor justo no resultado do período.

$^{(c)}$ Buscando simplificar o exemplo, ignorou-se qualquer custo de transação, que, neste caso, seria reconhecido no resultado do período (ou seja, investimento mensurado pelo valor justo).

$^{(d)}$ $ 24.000, valor contábil do investimento em 21-1-20X1 imediatamente antes da venda, × 2/3 (isto é, a parcela vendida) = $ 16.000.

$^{(e)}$ $ 16.280, preço de venda (valor justo do ativo vendido) – $ 16.000, valor contábil do ativo baixado, = $ 280.

Débito	Instrumentos financeiros – títulos negociados em mercado ativo (Cia. X)	$ 140$^{(f)}$
Crédito	Resultado do período – mudança no valor justo de títulos negociados em mercado ativo	$ 140

Para reconhecer a mudança no valor justo da parcela retida (1/3) do investimento na Cia. X, mensurado pelo valor justo no resultado do período.

$^{(f)}$ $ 8.140, valor justo das ações retidas$^{(g)}$, – $ 8.400, valor contábil das ações retidas$^{(h)}$.

$^{(g)}$ $ 16.280, valor justo do ativo vendido, ÷ 2/3, parcela vendida, × 1/3, parcela retida, = $ 8.140.

$^{(h)}$ $ 24.000, valor contábil do investimento em 21-1-20X1 imediatamente antes da venda, – $ 16.000, valor contábil da parcela baixada em 21-1-20X1, = $ 8.000.

Em 21 de janeiro de 20X1, logo após a venda de parte das ações da Cia. X, os instrumentos financeiros restam avaliados em $ 8.140 (isto é, $ 11.100, valor contábil em 31-12-20X0, + $ 12.000, custo de aquisição em 1-1-20X1, + $ 900, mudança no valor justo em 1-1-20X1, – $ 16.000, baixa em 21-1-20X1, + $ 140, mudança no valor justo em 21-1-20X1), o que é igual a seu valor justo nessa data.

Exemplo 6 — Compra do mesmo título em duas datas por preços diferentes (custo)

Os fatos são os mesmos do exemplo 5. Entretanto, neste exemplo a Cia. X é mensurada pelo custo menos perda por irrecuperabilidade (por exemplo, seu valor justo não pode ser mensurado de forma confiável). Assuma que o valor contábil da participação societária detida em 31 de dezembro de 20X0 seja $ 11.100.

O único registro contábil efetuado em 1-1-20X1 é o relativo à compra de ações da Cia. X:

Débito	Instrumentos financeiros — títulos não negociados em mercado ativo (Cia. X)	$ 12.000[a]
Crédito	Caixa	$ 12.000

Para reconhecer a aquisição de participação societária na Cia. X, investimento mensurado pelo custo menos perda por irrecuperabilidade.

[a] Buscando simplificar o exemplo, ignorou-se qualquer custo de transação, que, neste caso, seria reconhecido no custo do ativo adquirido (ou seja, investimento mensurado pelo custo).

Em 21 de janeiro de 20X1, imediatamente antes da venda de parte das ações da Cia. X, os instrumentos financeiros estavam avaliados em $ 23.100 (isto é, $ 11.100, valor contábil em 31-12-20X0, + $ 12.000, custo de aquisição em 1-1-20X1). Ao vender parte das ações em 21 de janeiro de 20X1 pelo valor justo de $ 16.280, é necessário reconhecer a baixa da parcela vendida (2/3 do total) mensurada pela média ponderada:

Débito	Caixa	$ 16.280⁽ᵇ⁾
Crédito	Instrumentos financeiros — títulos não negociados em mercado ativo (Cia. X)	$ 15.400⁽ᶜ⁾
Crédito	Resultado do período — ganho na venda de títulos não negociados em mercado ativo	$ 880⁽ᵈ⁾

Para reconhecer a venda de 2/3 da participação societária na Cia. X, investimento mensurado pelo custo menos perda por irrecuperabilidade.

⁽ᵇ⁾ Buscando simplificar o exemplo, ignorou-se qualquer custo de transação, que, neste caso, seria reconhecido no resultado do período.

⁽ᶜ⁾ $ 23.100, valor contábil do investimento em 21-1-20X1 imediatamente antes da venda, × 2/3 (isto é, a parcela vendida) = $ 15.400.

⁽ᵈ⁾ $ 16.280, preço de venda (valor justo do ativo vendido) − $ 15.400, valor contábil do ativo baixado, = $ 880.

Em 21 de janeiro de 20X1, logo após a venda de parte das ações da Cia. X, os instrumentos financeiros restam avaliados em $ 7.700 (isto é, $ 11.100, valor contábil em 31-12-20X0, + $ 12.000, custo de aquisição em 1-1-20X1, − $ 15.400, baixa em 21-1-20X1), o que é menor que seu valor justo nessa data ($ 8.140, conforme apresentado no exemplo 5); portanto, não há necessidade de se reconhecer qualquer perda por irrecuperabilidade.

Perda por irrecuperabilidade

Exemplo 7 — Perda por irrecuperabilidade (custo)

Os fatos são os mesmos do exemplo 6. Entretanto, neste exemplo a PME Y vendeu 2/3 da participação societária sobre Cia. X por $ 13.000 (valor justo).

A contabilização da compra efetuada em 1º de janeiro de 20X1 é a mesma reconhecida no exemplo 6. Portanto, em 21 de janeiro de 20X1, imediatamente antes da venda de parte das ações da Cia. X, os instrumentos financeiros estavam avaliados em $ 23.100 (isto é, $ 11.100, valor contábil em 31-12-20X0, + $ 12.000, custo de aquisição em 1-1-20X1). Ao vender parte das ações em 21 de janeiro de 20X1 pelo valor justo de $ 13.000, é necessário reconhecer a baixa da parcela vendida (2/3 do total), mensurada pela média ponderada, e a perda por irrecuperabilidade do valor contábil da parcela retida.

Débito	Caixa	$ 13.000[a]
Débito	Resultado do período — perda na venda de títulos não negociados em mercado ativo	$ 2.400[b]
Crédito	Instrumentos financeiros — títulos não negociados em mercado ativo (Cia. X)	$ 15.400[c]

Para reconhecer a venda de 2/3 da participação societária na Cia. X, investimento mensurado pelo custo menos perda por irrecuperabilidade.

[a] Buscando simplificar o exemplo, ignorou-se qualquer custo de transação, que neste caso seria reconhecido no resultado do período.

[b] $ 13.000, preço de venda (valor justo do ativo vendido) − $ 15.400, valor contábil do ativo baixado, = $ 2.400.

[c] $ 23.100, valor contábil do investimento em 21-1-20X1 imediatamente antes da venda, × 2/3 (isto é, a parcela vendida) = $ 15.400.

Em 21 de janeiro de 20X1, logo após a venda de parte das ações da Cia. X, os instrumentos financeiros restam avaliados em $ 7.700 (isto é, $ 11.100, valor contábil em 31-12-20X0, + $ 12.000, custo de aquisição em 1-1-20X1, − $ 15.400, baixa em 21-1-20X1), o que é maior que seu valor justo nessa data, $ 6.500 (isto é, $ 13.000, valor justo do ativo vendido, ÷ 2/3, que correspondem à parcela vendida = $ 19.500, valor justo da participação total na data da venda, × 1/3 que corresponde à parcela retida). Portanto, é necessário reconhecer a perda por irrecuperabilidade no montante de $ 1.200 (isto é, $ 7.700, valor contábil, − $ 6.500, melhor estimativa do valor que a entidade recuperaria se fosse vender o ativo na data da demonstração contábil).

Débito	Resultado do período — perda por irrecuperabilidade	$ 1.200
Crédito	Instrumentos financeiros — perda por irrecuperabilidade acumulada (Cia. X)	$ 1.200
Para reconhecer a perda por irrecuperabilidade relativa à participação societária na Cia. X, investimento mensurado pelo custo menos perda por irrecuperabilidade.		

Evidenciação

Embora o IFRS *for* SMEs e o CPC-PME exijam notas explicativas mais simples e não tão abrangentes quanto exigidos pelos *full* IFRSs e pelos CPCs, na essência, o conteúdo mínimo que as entidades devem divulgar em notas explicativas quanto ao investimento temporário em participações societárias não difere significativamente em relação ao pronunciamento contábil adotado. A seguir são relacionados os itens exigidos por todos os pronunciamentos analisados neste capítulo (as referências entre parênteses identificam as fontes de tais exigências):

- ❏ ativos financeiros que são instrumentos patrimoniais mensurados pelo custo menos provisão para perda por irrecuperabilidade (§11.41(c) do IFRS *for* SMEs e §11.41 (c) do CPC-PME);
- ❏ os critérios para determinação do valor justo (por exemplo, preço de cotação negociado num mercado ativo ou técnica de precificação). Quando técnicas de precificação forem adotadas, a entidade deve apresentar as premissas assumidas na avaliação (§11.43 do IFRS *for* SMEs e §11.43 do CPC-PME; §§27, 27A, 27B e 28 do IFRS 7; §§11, 27, 27A, 27B e 28 do CPC 40);
- ❏ caso não seja possível determinar o valor justo de instrumentos patrimoniais de forma confiável, tal fato deve ser evidenciado (§11.44 do IFRS *for* SMEs e §11.44 do CPC-PME);
- ❏ os riscos aos quais a entidade está exposta em função de manter seus ativos financeiros (§9 do IFRS 7; §9 do CPC 40);

❑ relação dos instrumentos patrimoniais que a entidade mensura pelo valor justo mediante outros resultados abrangentes, e a razão de escolher tal forma de reconhecimento da variação do valor justo, os respectivos dividendos, ganhos ou perdas na venda e o valor justo na data da baixa (§§11A e 11B do IFRS 7; §§8, 12 e 12A do CPC 40).

Comparação entre os pronunciamentos contábeis

Esta seção apresenta, de forma resumida, uma comparação dos pronunciamentos contábeis relevantes, dois a dois.

Comparação full IFRSs versus IFRS for SMEs

Em linhas gerais, o IFRS for SMEs é uma simplificação dos full IFRSs. Além de utilizar linguagem mais simples (embora em inglês), simplifica as opções disponíveis à entidade. As demais diferenças são:

❑ no que tange à contabilização dos instrumentos financeiros, a taxonomia utilizada pelo IFRS for SMEs independe do modelo de negócio da entidade. Recai exclusivamente na possibilidade de se mensurar de forma confiável o valor justo do investimento, sem se incorrer em custos e esforços significativos;
❑ segundo o IFRS for SMEs, toda variação do valor justo é reconhecida diretamente contra o resultado do período, ao passo que pelos full IFRSs, a entidade pode escolher entre reconhecer no resultado do período ou em outro resultado abrangente.

Comparação full IFRSs versus CPCs

Até o momento desta edição, são diversas as diferenças entre os full IFRSs e os CPCs, uma vez que o IASB já havia iniciado o processo de atualização dos IFRSs relativos à contabilização de instrumentos financeiros, e o CPC ainda não havia traduzido o IFRS 9.

Comparação IFRS for SMEs versus CPC-PME

Quanto à contabilização de instrumentos financeiros, não há diferença entre o IFRS *for* SMEs e o CPC-PME — o último apresenta uma tradução fiel das seções 11 e 12 para o português.

Considerações finais

Estudamos, neste capítulo, os modelos do valor justo e do custo menos perda por irrecuperabilidade. Essas políticas contábeis se aplicam, segundo os *full* IFRSs e os CPCs, aos investimentos em participações societárias não classificados como investimentos em controladas, entidades controladas em conjunto ou coligadas, ou seja, aplicam-se aos outros investimentos em instrumentos patrimoniais (conforme definido para fins didáticos neste livro).

Segundo o IFRS *for* SMEs e o CPC-PME, essas políticas contábeis são obrigatoriamente aplicadas aos outros investimentos em instrumentos patrimoniais (conforme definido neste livro) e podem ser aplicadas aos investimentos em participações societárias classificados como investimentos em controladas, entidades controladas em conjunto ou coligadas. Para os investimentos classificados em qualquer dessas três categorias, a entidade investidora pode adotar, alternativamente, o método da equivalência patrimonial, como será apresentado no capítulo 2.

2

Contabilização dos investimentos em coligadas e controladas

O presente capítulo tem por finalidade demonstrar o efeito da utilização do método de equivalência patrimonial na estrutura do resultado e na estrutura patrimonial da entidade investidora, discutindo seus efeitos econômico-financeiros, evidenciando procedimentos de contabilização e destacando a obrigatoriedade de adoção deste critério de avaliação em empresas consideradas coligadas e controladas, segundo os *full* IFRSs/CPCs. O foco deste capítulo, portanto, consiste nas demonstrações contábeis individuais da investidora. Para as pequenas e médias empresas (assim definidas pelo §1.2 do IFRS *for* SMEs/CPC-PME), o método da equivalência patrimonial é uma das possíveis políticas contábeis (além dele, as PMEs podem adotar o modelo do valor justo ou o modelo do custo menos perda por irrecuperabilidade — ambos apresentados neste capítulo). As demonstrações consolidadas são apresentadas no capítulo 3.

De acordo com o item 13 do CPC 18, os investimentos em coligadas e em controladas serão avaliados segundo o método de equivalência patrimonial, que tem por finalidade refletir, no patrimônio da entidade investidora, a parte que lhe cabe em relação aos efeitos econômicos, positivos ou negativos, gerados em função do conjunto de decisões adotadas pelos gestores da investida. Dessa forma, será mantida a percentagem de participação da entidade investidora no capital social da investida, apesar das modificações sofridas no seu patrimônio líquido. A equivalência patrimonial representa um método de contabilização por meio do qual o investimento é inicialmente reconhecido pelo custo e, posteriormente, ajustado pelo reconhecimento da participação atribuída ao investidor nas alterações dos ativos líquidos da investida. O resultado do período da entidade investidora deve incluir a parte que lhe cabe nos resultados gerados pela investida.

Esperamos que ao final da leitura deste capítulo você esteja apto a:

- ❏ compreender o conceito de empresas coligadas e controladas;
- ❏ contabilizar o efeito nas participações em coligadas e em controladas em função da variação no patrimônio líquido da investida (coligada e controlada);
- ❏ elaborar as demonstrações contábeis de forma a representar adequadamente as transações e os eventos associados com os investimentos em participações societárias em coligadas e controladas.

Por dentro da transação

Esta seção apresenta a conceituação, técnica de apuração e de contabilização de participações societárias em coligadas e controladas, cujas definições apresentamos a seguir.

Coligadas

São entidades investidas nas quais o investidor tem influência significativa, sem controlá-las.

Configura-se influência significativa quando o investidor mantém, direta ou indiretamente, 20% ou mais do poder de voto da investida, da mesma forma que, se o investidor detém, direta ou indiretamente, menos 20% do poder de voto da investida, presume-se que ele não tenha influência significativa. Essas regras devem ser ignoradas quando a realidade claramente demonstrar o contrário. A simples propriedade majoritária da investida por outro investidor não necessariamente impede que um investidor minoritário tenha influência significativa.

O CPC 18, em seu §7, lista alguns exemplos onde a existência de influência significativa por investidor geralmente é evidenciada:

(a) representação no conselho de administração ou na diretoria da investida;
(b) participação nos processos de elaboração de políticas, inclusive em decisões sobre dividendos e outras distribuições;
(c) operações materiais entre o investidor e a investida;
(d) intercâmbio de diretores ou gerentes; ou
(e) fornecimento de informação técnica essencial.

Ainda de acordo com o CPC 18, §8:

A entidade pode ter em seu poder, direitos de subscrição, *warrants* de compras de ações, opções de compra de ações, instrumentos de dívida ou patrimoniais conversíveis em ações ordinárias ou outros instrumentos semelhantes com potencial de, se executados ou convertidos, conferir à entidade poder de voto adicional ou reduzir o poder de voto de outra parte sobre as políticas financeiras e operacionais da investida (isto é, potenciais direitos de voto). A existência e a efetivação dos potenciais direitos de voto prontamente exercíveis ou conversíveis, incluindo os potenciais direitos de voto detidos por outras entidades, são consideradas na avaliação de a entidade possuir ou não influência significativa ou controle. Os potenciais direitos de voto não são exercíveis ou conversíveis quando, por exemplo, não podem ser exercidos ou convertidos até uma data futura ou até a ocorrência de evento futuro.

"A entidade perde a influência significativa sobre a investida quando ela perde o poder de participar nas decisões sobre as políticas da entidade investida" (CPC 18, §10). A perda da influência significativa pode vir acompanhada da mudança no nível de participação acionária, porém pode ocorrer sem a mudança. Isso pode acontecer quando, por exemplo, há uma mudança nos membros do conselho de administração, mudança de diretoria ou gerência etc.

Controladas

São entidades investidas sobre as quais a investidora exerce o efetivo controle, diretamente ou por intermédio de outras controladas.

O investimento se caracteriza como participação em uma controlada quando o investidor é titular de direitos de sócio que lhe assegurem, de modo permanente, preponderância nas deliberações sociais e o poder de eleger a maioria dos administradores, cabendo destacar que o controle pode ser exercido de forma direta ou através de outras controladas, e que controlar significa ter poder para governar as políticas financeiras e operacionais da entidade, de forma a obter benefícios de suas atividades. Quando há o compartilhamento do controle através de um contrato estabelecido sobre determinada atividade econômica, que existe somente quando as decisões estratégicas, financeiras e operacionais relativas à atividade exigirem o consentimento unânime das partes que compartilham o controle, que são os empreendedores, teremos então uma *joint venture*, tema que será tratado no capítulo 4.

A perda de controle da controladora, segundo os §§32 a 37 do CPC 36 (Demonstrações consolidadas) pode ocorrer mesmo que não haja redução no percentual de participação no capital social da controlada, como, por exemplo, quando a controlada passa a sujeitar-se ao controle do governo ou de outro órgão regulador. A perda de controle também pode ocorrer como resultado de acordo contratual.

Em seus §§33 e 34, o CPC 36 estabelece:

33. A controladora pode perder o controle sobre uma controlada em dois ou mais acordos contratuais (transações). Contudo, às vezes as circunstâncias indicam que os contratos múltiplos devem ser contabilizados como uma única transação. Para determinar se um contrato deve ser contabilizado como uma única transação, a controladora deve considerar todos os termos e condições do contrato, bem como seus efeitos econômicos. Um ou mais dos itens abaixo podem indicar que a controladora deve contabilizar um contrato múltiplo como uma única transação:
    (a) eles foram firmados ao mesmo tempo e são complementares;
    (b) eles formam uma única transação, projetada para alcançar efeito comercial global;
    (c) a ocorrência do contrato é dependente da ocorrência de pelo menos outro acordo;
    (d) um acordo, considerado isoladamente, não se justifica economicamente, porém quando considerado em conjunto com outros acordos, ele passa a se justificar. Um exemplo disso é quando o acordo prevê a alienação de ações a um preço abaixo do mercado, mas é compensado por outro, com a subsequente alienação a um preço acima do mercado.

34. Se a controladora perde o controle da controlada, ela deve:
   (a) desreconhecer os ativos (incluindo o ágio por rentabilidade futura — *goodwill*) e os passivos da controlada pelos seus valores contábeis na data em que o controle for perdido;
   (b) desreconhecer o valor contábil de qualquer participação de não controladores na ex-controlada na data em que o controle for perdido (incluindo quaisquer componentes de outros resultados abrangentes reconhecidos diretamente no patrimônio líquido e atribuíveis aos não controladores);
   (c) reconhecer:
      (i) o valor justo da compensação recebida em troca, se houver, proveniente da transação, evento ou circunstância que resultou na perda do controle; e
      (ii) se a transação que resultou na perda do controle envolver a distribuição de ações da controlada aos sócios, na qualidade de proprietários, neste caso, havendo aumento de capital na controlada e a controladora não exercer o seu direito na compra de ações adicionais, pode haver a diluição da participação relativa da controladora. Se essa mudança é suficiente para ela perder o controle, essa perda pela diluição de sua participação deve ser considerada nesse item;
   (d) reconhecer o investimento remanescente na ex-controlada, se houver, ao seu valor justo na data em que o controle foi perdido;
   (e) reclassificar para o resultado do período ou transferir diretamente para lucros acumulados, quando couber, os valores identificados no item [parágrafo] 35; e
   (f) reconhecer a diferença resultante como ganho ou perda no resultado do período atribuível à controladora.

Em conformidade com os CPCs 18 e 36, se a investidora deixar de exercer influência significativa em coligada ou perder o controle de controlada, ela deve contabilizar todos os valores reconhecidos como outros resultados abrangentes em relação àquela coligada ou controlada nas mesmas bases que seriam requeridas se a investidora tivesse diretamente alienado os ativos e passivos da investida que lhes deram origem. Portanto, tal como um ganho ou perda previamente reconhecido como outro resultado abrangente diretamente no patrimônio líquido deveria ser reclassificado para o resultado do período pela alienação dos ativos e passivos correspondentes, quando a investidora deixa de exercer influência significativa na coligada ou perde o controle sobre a controlada ela deve reclassificar esse ganho ou perda para o resultado do período (como ajuste de reclassificação). Por exemplo, se a controlada possuir ativos financeiros disponíveis para venda e a controladora perder o controle sobre a controlada, a controladora deve reclassificar para o resultado do período o ganho ou perda previamente reconhecido como resultado abrangente proveniente desses ativos. Da mesma forma que uma reavaliação de ativos (reconhecida como outro resultado abrangente) deve ser transferida diretamente para lucros acumulados pela alienação do ativo correspondente, a controladora, quando perde o controle sobre a controlada, deve transferir esse ajuste por reavaliação diretamente para lucros acumulados. Entenda esses exemplos como válidos para coligadas e controladas.

Na data em que se perder o controle sobre uma controlada, o investimento remanescente na ex-controlada, se houver, e a quantia devida pela ou para a ex-controlada devem ser contabilizados de acordo com outros pronunciamentos técnicos do CPC.

O valor justo do investimento remanescente na ex-controlada, na data em que o controle for perdido, deve ser contabilizado como o valor justo no reconhecimento inicial do ativo financeiro, de acordo com os requisitos do CPC 38 (Instrumentos financeiros: reconhecimento e mensuração), ou então, quando apropriado o custo, no reconhecimento inicial de investimento em coligada ou em entidade controlada em conjunto.

Contabilização de transações básicas

A forma de contabilização dos investimentos em coligadas é a mesma dos investimentos em controladas nas demonstrações contábeis individuais, seguindo o método de equivalência patrimonial.

Inicialmente o investimento é reconhecido pelo seu custo e, no decorrer do período, o seu valor contábil será aumentado ou diminuído pelo reconhecimento da participação do investidor nas variações patrimoniais da investida, incluindo os lucros ou prejuízos gerados pela investida após a aquisição. O lucro ou prejuízo da investida é reconhecido nos resultados da investidora, proporcionalmente à participação da mesma, ajustando assim o valor patrimonial reconhecido na investidora.

Os investimentos em coligadas contabilizados pelo método de equivalência patrimonial devem ser classificados como ativos não circulantes. A parte do investidor nos resultados do período dessas coligadas e controladas (nestas, no caso das demonstrações individuais) e o valor contábil desses investimentos devem ser evidenciados separadamente. A parte do investidor nas eventuais operações descontinuadas de tais coligadas e controladas também deve ser divulgada separadamente.

Em termos práticos, a contabilização básica do investimento em coligada é efetuada conforme o exemplo a seguir.

Exemplo 1 — Método da equivalência patrimonial

Em 31 de dezembro de 20t8 a Cia. Duque de Caxias S.A. apresentou seu balancete de verificação pendente somente da contabilização do ajuste de equivalência patrimonial na coligada Cia. Amazonas S.A.

Tabela 9
BALANCETE DE VERIFICAÇÃO

Cia. Duque de Caxias S.A.
Balancete de verificação (antes da equivalência) — 31 de dezembro de 20t8

Contas	Devedora ($)	Credora ($)
Bancos	451.300	—
Duplicatas a receber	495.000	—
Mercadorias	486.000	—
ICMS a recuperar	114.000	—
Duplicatas a receber de longo prazo	5.000	—
Veículos	80.000	—
Depreciação acumulada	—	16.000
Participação Cia. Amazonas S.A.	**50.000**	**—**
Fornecedor	—	300.000
Capital social	—	1.150.000
Custo das mercadorias vendidas	400.000	—
Despesas com ICMS	176.700	—
Despesas com serviços de terceiros	122.000	—
Despesas com depreciação	16.000	—
Vendas	—	930.000
Total	**2.396.000**	**2.396.000**

Informações adicionais:

❑ a Cia. Duque de Caxias S.A. participa com 10% do capital votante da Cia. Amazonas S.A., que, na composição do seu capital social, possui somente ações com direito a voto;
❑ a Cia, Amazonas teve um crescimento em seu patrimônio líquido de 20%, decorrente apenas de lucro obtido no exercício;
❑ apesar de participar com menos de 20% do capital votante, a Cia. Duque de Caxias S.A. tem representação no conselho

de administração e participação nos processos de elaboração de políticas, inclusive em decisões sobre dividendos e outras distribuições, o que caracteriza a influência significativa.

Os procedimentos a serem executados na Cia. Duque de Caxias compreendem o cálculo e a contabilização da equivalência patrimonial:

- identificar o patrimônio líquido (PL) da Cia. Amazonas no início de 20t8 (final de 20t7): valor do investimento dividido pelo percentual de participação da Cia. Duque de Caxias na Cia. Amazonas = $ 50.000 ÷ 0,10 = $ 500.000;
- identificar o PL da Cia. Amazonas no final de 20t8: valor do PL no início de 20t8 multiplicado pelo percentual de crescimento = $ 500.000 × 1,20 = $ 600.000;
- calcular a equivalência patrimonial: $ 600.000 (PL atual) × 0,10 (% participação) = $ 60.000; $ 60.000 (valor do investimento após equivalência patrimonial) − $ 50.000 (valor do investimento) = $ 10.000 (valor da equivalência patrimonial).

Débito	Participação Cia. Amazonas	$ 10.000
Crédito	Resultado da equivalência patrimonial	$ 10.000

Balancete de verificação, após contabilização da equivalência patrimonial e apuração do resultado, ilustrado na tabela 10.

Tabela 10
BALANCETE DE VERIFICAÇÃO

Cia. Duque de Caxias S.A.
Balancete de verificação (após a equivalência) — 31 de dezembro de 20t8

Contas	Devedora ($)	Credora ($)
Bancos	451.300	—
Duplicatas a receber	495.000	—
Mercadorias	486.000	—
ICMS a recuperar	114.000	—
Duplicatas a receber de longo prazo	5.000	—
Veículos	80.000	—
Depreciação acumulada	—	16.000
Participação Cia. Amazonas S.A.	**60.000**	—
Fornecedor	—	300.000
Capital social	—	1.150.000
Custo das mercadorias vendidas	400.000	—
Despesas com ICMS	176.700	—
Despesas com serviços de terceiros	122.000	—
Despesas com depreciação	16.000	—
Resultado da equivalência patrimonial	—	10.000
Vendas	—	930.000
Total	**2.406.000**	**2.406.000**

As distribuições de lucros reduzem o valor contábil do investimento, assim como acontece em outros exemplos demonstrados no CPC 18, §11, que transcrevemos:

> Ajustes no valor contábil do investimento também são necessários pelo reconhecimento da participação proporcional do investidor nas variações de saldo dos componentes dos outros resultados abrangentes da investida, reconhecidos diretamente em seu patrimônio líquido. Tais variações incluem aquelas decorrentes da reavaliação de ativos imobilizados, quando

permitida legalmente, e das diferenças de conversão em moeda estrangeira, quando aplicável. A parte do investidor nessas mudanças é reconhecida de forma reflexa, ou seja, em outros resultados abrangentes diretamente no patrimônio líquido do investidor (ver o CPC 26 — Apresentação das Demonstrações Contábeis), e não no seu resultado.

Seguindo o exemplo anterior, suponha que haja a seguinte informação, além das apresentadas:

❏ A Cia. Amazonas, após a apuração do resultado, declarou a distribuição de 25% do resultado, sendo que o pagamento ocorrerá em março do ano de 20t9. Tal distribuição de dividendos foi aprovada pela assembleia dos acionistas ainda em dezembro de 20t8.

Os procedimentos a serem executados na Cia. Duque de Caxias compreendem o cálculo e a contabilização da distribuição de dividendos feitos pela Cia. Amazonas:

❏ calcular o resultado do período: $ 600.000 – $ 500.000 = $ 100.000;
❏ calcular o valor a distribuir, referente ao percentual de 25% do lucro: valor a distribuir pela Cia. Amazonas = $ 100.000 × 0,25 = $ 25.000;
❏ parte que cabe à Cia. Duque de Caxias = $ 25.000 (valor declarado a distribuir pela Cia. Amazonas) × 0,10 (percentual de participação da Cia. Duque de Caxias na Cia. Amazonas) = $ 2.500 (parte que deverá ser recebida pela Cia. Duque de Caxias quando da distribuição pela Cia. Amazonas).

Débito	Dividendos a receber	$ 2.500
Crédito	Participação Cia. Amazonas	$ 2.500

Balancete de verificação, após contabilização da distribuição do dividendo e apuração do resultado, ilustrado na tabela 11.

Tabela 11
RELAÇÃO DE ALGUMAS CONTAS

Cia. Duque de Caxias S.A. Relação de algumas contas (após a distribuição de dividendos) 31 de dezembro de 20t8		
Contas	Devedora ($)	Credora ($)
Bancos	451.300	–
Duplicatas a receber	495.000	–
Mercadorias	486.000	–
Dividendo a receber – Cia. Amazonas	2.500	–
ICMS a recuperar	114.000	–
Duplicatas a receber de longo prazo	5.000	–
Veículos	80.000	–
Depreciação acumulada	–	16.000
Participação Cia. Amazonas S.A.	57.500	–
Fornecedor	–	300.000
Capital social	–	1.150.000
Reserva de lucro	–	225.300
Total	1.691.300	1.691.300

Com essas informações, a Cia. Duque de Caxias pode elaborar sua demonstração do desempenho financeiro e demonstração da posição financeira (balanço patrimonial), ilustrada na tabela 12.

Tabela 12
DEMONSTRAÇÃO DO DESEMPENHO FINANCEIRO

Cia. Duque de Caxias S.A. Demonstração do desempenho financeiro Exercício findo em 31 de dezembro de 20t8	
	($)
Receita operacional líquida	753.300
(−) Custo das mercadorias vendidas	(400.000)
(=) Lucro bruto	353.300
(−) Despesas operacionais	
Serviços de terceiros	(122.000)
Depreciação	(16.000)
(+) Resultado da equivalência patrimonial	10.000
(=) Resultado do exercício	225.300

Tabela 13
DEMONSTRAÇÃO DA POSIÇÃO FINANCEIRA

Cia. Duque de Caxias S.A Demonstração da posição financeira – 31 de dezembro de 20t8			
Ativo	$	Passivo	$
Ativo circulante		Passivo circulante	
Disponível		Obrigações	
Bancos	451.300	Fornecedor	300.000
Créditos			
Duplicatas a receber	495.000	Patrimônio líquido	
Estoque		Capital social	1.150.000
Mercadoria	486.000	Reserva de lucro	225.300
Outros créditos			
Dividendos a receber	2.500		
Impostos a recuperar			
ICMS a recuperar	114.000		
Ativo não circulante			
Duplicatas a receber de longo prazo	5.000		
Investimentos			
Participação Cia. Amazonas	57.500		
Imobilizado			
Veículos	80.000		
(−) Depreciação acumulada	(16.000)		
Total	1.675.300	Total	1.675.300

Exceções à regra da adoção do método da equivalência patrimonial (por parte das entidades de grande porte ou listadas)

De acordo com o CPC 18, em seu §13:

13. O investimento em coligada e em controlada (neste caso, no balanço individual) deve ser contabilizado pelo método de equivalência patrimonial, exceto quando, e se permitido legalmente:

   (a) o investimento for classificado como mantido para venda, de acordo com os requisitos do Pronunciamento Técnico CPC 31 — Ativo Não Circulante Mantido para Venda e Operação Descontinuada;

   (b) for aplicável a exceção contida no item 10 do Pronunciamento Técnico CPC36 — Demonstrações Consolidadas ao permitir que a controladora que também tenha participação em entidade controlada conjuntamente não apresente demonstrações contábeis consolidadas; ou

   (c) todas as condições a seguir forem aplicáveis, respeitada a legislação vigente:

   (i) o investidor é ele próprio uma controlada (integral ou parcial) de outra entidade, a qual, em conjunto com os demais acionistas ou sócios, incluindo aqueles sem direito a voto, foram consultados e não fizeram objeção quanto à não aplicação do método de equivalência patrimonial pelo investidor;

   (ii) os instrumentos de dívida ou patrimoniais do investidor não são negociados em mercado aberto (bolsas de valores domésticas ou estrangeiras ou mercado de balcão — mercado descentralizado de títulos não listados em bolsa de valores ou cujas negociações ocorrem diretamente entre as partes, incluindo mercados locais e regionais);

(iii) o investidor não registrou e não está em processo de registro de suas demonstrações contábeis na Comissão de Valores Mobiliários ou outro órgão regulador, visando à emissão de qualquer tipo ou classe de instrumento no mercado aberto; e

(iv) a controladora final (ou intermediária) do investidor disponibiliza ao público suas demonstrações contábeis consolidadas em conformidade com os Pronunciamentos Técnicos do CPC — Comitê de Pronunciamentos Contábeis.

Caso a investidora deixe de ter influência significativa sobre a coligada, e deixe de ter o controle sobre a até então controlada (exceto no balanço individual, se a investida passar de controlada a coligada), a contabilização pelo método de equivalência patrimonial deve ser suspensa a partir do momento em que isso ocorrer, e deve-se contabilizar o investimento como instrumento financeiro de acordo com o CPC 38 (Instrumentos financeiros: reconhecimento e mensuração, relativo ao IAS 39). Ou seja, o investidor deverá mensurar ao valor justo investimentos que ainda mantenha na ex-coligada — conforme demonstrado neste capítulo.

Nesse caso, como definido no §18 do CPC 18,

> o investidor deve reconhecer, no resultado do período, qualquer diferença entre:
> (a) o valor justo do investimento remanescente, se houver, e qualquer montante proveniente da alienação parcial de sua participação na coligada e na controlada; e
> (b) o valor contábil do investimento na data em que foi perdida a influência significativa ou foi perdido o controle.

Entretanto, caso a coligada passe a ser considerada controlada ou caso passe a ser considerada um empreendimento controlado em conjunto (demonstrado no capítulo 5), permanece o uso do método de equivalência patrimonial.

Outras regras relacionadas ao método da equivalência patrimonial

Algumas práticas devem ser seguidas em casos específicos, como: para a elaboração da equivalência patrimonial, a investidora deve ter conhecimento dos valores contábeis da investida e, para tal, deve utilizar a demonstração contábil mais recente da coligada ou controlada, de preferência com a mesma data de término do exercício social. Sendo essa opção impraticável, devem ser realizados ajustes pertinentes em decorrência de efeitos de eventos e transações relevantes que tenham ocorrido entre a data da demonstração da investida e a data da demonstração da investidora. Independentemente dessas exceções, a diferença máxima entre as datas das demonstrações da investida e da investidora não pode ser superior a dois meses.

Outra prática é que as demonstrações contábeis da investida devem ser elaboradas seguindo políticas contábeis uniformes para eventos e transações semelhantes às da investidora. Caso a investida utilize políticas diferentes das utilizadas pela investidora para eventos e transações semelhantes, serão necessários ajustes que permitam adequar as demonstrações contábeis da investida às políticas contábeis da investidora, quando da utilização destas para aplicação do método de equivalência patrimonial.

Se a investida tem ações preferenciais com direito a dividendo cumulativo em circulação, ações estas que tenham estado em poder de outras partes que não o investidor e que são classificadas como parte integrante do patrimônio líquido, o investidor deve calcular sua parte nos resultados do período da investida após ajustá-lo pela dedução dos dividendos pertinentes a essas ações, independentemente de eles terem sido declarados ou não.

Quando ocorrer de a coligada apurar prejuízos que reduzam seu patrimônio líquido a zero, o investidor deve, através da equivalência patrimonial, reconhecer sua participação da mesma forma, zerando assim seu investimento. Entretanto, caso o prejuízo acumulado torne o patrimônio líquido negativo, o passivo da coligada torna-se, por consequência, "a descoberto" e a investidora deverá, então, avaliar a pertinência do registro de uma provisão para perdas, conforme demonstrado na seção seguinte.

Investida com passivo a descoberto

A investidora deve reconhecer sua participação no passivo a descoberto da investida somente na extensão em que tenha incorrido em obrigações legais ou construtivas (não formalizadas) de fazer pagamentos por conta da coligada, como no caso de a investidora ser fiadora em algum empréstimo da investida, sendo obrigada a reconhecer o pagamento do mesmo para o caso de a investida não honrá-lo.

A contabilização do investimento em coligada é efetuada conforme o exemplo a seguir.

Exemplo 2 — Investida com passivo a descoberto

Em 31 de dezembro de 20t8 a Cia. Duque de Caxias S.A. apresentou seu balancete de verificação, pendente somente da contabilização do ajuste de equivalência patrimonial na coligada Cia. Amazonas S.A.

Tabela 14
BALANCETE DE VERIFICAÇÃO

Cia. Duque de Caxias S.A. Balancete de verificação – 31 de dezembro de 20t8		
Contas	Devedora ($)	Credora ($)
Bancos	28.000	–
Duplicatas a receber	1.000	–
Mercadorias	38.000	–
ICMS a recuperar	5.000	–
Empréstimo de longo prazo	1.000	
Veículos	40.000	–
Depreciação acumulada	–	4.000
Participação Cia. Amazonas S.A.	**500**	**–**
Fornecedor	–	30.000
Capital social	–	67.000
Custo das mercadorias vendidas	50.000	–
Despesas com ICMS	9.500	–
Despesas com serviços de terceiros	14.000	–
Despesas com depreciação	4.000	–
Vendas	–	90.000
Total	**191.000**	**191.000**

Informações adicionais:

❑ a Cia. Duque de Caxias S.A. participa com 10% do capital social da Cia. Amazonas S.A. que, na composição do seu capital social, possui somente ações com direito a voto;
❑ a Cia. Amazonas S.A. teve uma diminuição em seu patrimônio líquido de 110%;
❑ a Cia. Duque de Caxias S.A. não tem qualquer obrigação legal ou construtiva em relação às dívidas da Cia. Amazonas S.A.

Os procedimentos a serem executados na Cia. Duque de Caxias S.A. compreendem o cálculo e a contabilização da equivalência patrimonial:

- identificar o patrimônio líquido da Cia. Amazonas S.A. no início de 20t8 (final de 20t7): valor do investimento dividido pelo percentual de participação da Cia. Duque de Caxias na Cia. Amazonas, ou seja, $ 500 ÷ 0,10 = $ 5.000;
- identificar o PL da Cia. Amazonas S.A. no final de 20t8: valor do PL no início de 20t8 multiplicado pelo percentual de diminuição: $ 5.000 × 1,10 = $ 5.500;
- valor do PL no final de 20t8: $ 5.000 − $ 5.500 = $ (500);
- calcular a equivalência patrimonial: PL atual multiplicado pelo % de participação, ou seja, $ (500) × 0,10 = $ (50);
- o valor do investimento não pode ser apresentado com valor negativo; então será igual a zero;
- $ (50) (valor do investimento após equivalência patrimonial) − $ 500 (valor do investimento) = $ (550) (valor da equivalência patrimonial). Assim, a despesa de equivalência patrimonial reconhecida no valor é de $ 500.

Débito	Resultado da equivalência patrimonial	$ 500
Crédito	Participação Cia. Amazonas	$ 500

Balancete de verificação, após contabilização da equivalência patrimonial e apuração do resultado, ilustrado na tabela 15.

Tabela 15
BALANCETE DE VERIFICAÇÃO

Cia. Duque de Caxias S.A.
Balancete de verificação (antes da equivalência) — 31 de dezembro de 20t8

Contas	Devedora ($)	Credora ($)
Bancos	28.000	—
Duplicatas a receber	1.000	—
Mercadorias	38.000	—
ICMS a recuperar	5.000	—
Empréstimo de longo prazo	1.000	
Veículos	40.000	—
Depreciação acumulada	—	4.000
Participação Cia. Amazonas S.A.	—	—
Fornecedor	—	30.000
Capital social	—	67.000
Custo das mercadorias vendidas	50.000	—
Despesas com ICMS	9.500	—
Despesas com serviços de terceiros	14.000	—
Despesas com depreciação	4.000	—
Resultado da equivalência patrimonial	500	—
Vendas	—	90.000
Total	191.000	191.000

Caso houvesse alguma obrigação legal ou construtiva, a investidora iria contabilizar a sua parte da obrigação como um passivo, em conformidade com o CPC 25 (Provisões, passivos contingentes e ativos contingentes). O CPC 18 chama a atenção para outra exceção, onde se deve contabilizar a diferença na equivalência patrimonial quando o saldo do investimento for inferior a zero.

A participação na coligada é o valor contábil do investimento nessa coligada, avaliado pelo método de equivalência patrimonial, juntamente com alguma participação de longo prazo que, em essência, constitui parte do investimento líquido total do investidor na coligada. Por exemplo, um componente cuja liquidação não está planejada ou nem é provável que ocorra no futuro previsível é, em essência, uma extensão do investimento da entidade naquela coligada. Tais componentes podem incluir ações preferenciais, bem como recebíveis ou empréstimos de longo prazo, porém não incluem componentes como recebíveis ou exigíveis de natureza comercial ou algum recebível de longo prazo para os quais existam garantias adequadas, tais como empréstimos garantidos. O prejuízo reconhecido pelo método de equivalência patrimonial que exceda o investimento em ações ordinárias do investidor deve ser aplicado aos demais componentes que constituem a participação do investidor na coligada em ordem inversa de sua antiguidade (isto é prioridade na liquidação) [CPC 18, §29].

Conforme já mencionado, uma vez que o investimento em coligada encontra-se com saldo zero no balanço da investidora, esta não mais reconhece perdas adicionais futuras da coligada, exceto para amortização de recebíveis e outros ativos de longo prazo relacionados à coligada. Nessa situação qualquer passivo da coligada somente é reconhecido pela investidora na extensão em que esta tenha incorrido em obrigações legais ou construtivas de fazer pagamentos por conta da coligada. Tais critérios, entretanto, não se aplicam

> a investimentos em controladas no balanço individual da controladora, devendo ser observada a prática contábil de produzir o mesmo resultado e o mesmo patrimônio líquido para a controladora que são obtidos a partir das demonstrações contábeis consolidadas do grupo econômico [...] [CPC 18, §30A].

> No caso do balanço individual da controladora, o reconhecimento de perdas por redução ao valor recuperável (*impairment*)

com relação ao investimento em controlada deve ser feito com observância do disposto no item 30A [CPC 18, §32A].

Exemplo 3 — Investida com passivo a descoberto, investidora com obrigação legal ou construtiva

Para fins de demonstração prática, utiliza-se o exemplo anterior com a seguinte informação adicional:

- o empréstimo de longo prazo apresentado no balancete de verificação foi realizado com a investida, em caráter de ajuda financeira.

Os procedimentos a serem executados na Cia. Duque de Caxias compreendem o cálculo e a contabilização da equivalência patrimonial:

- após identificar o patrimônio líquido da Cia. Amazonas no início de 20t8 e identificar o patrimônio líquido da Cia. Amazonas no final de 20t8 conforme o exemplo anterior, chega-se ao cálculo da equivalência patrimonial: PL atual multiplicado pelo % de participação, ou seja, $ (500) × 0,10 = $ (50);
- o valor do investimento não pode ser apresentado com saldo credor; então será igual a zero: $ (50) (valor do investimento após equivalência patrimonial) − $ 500 (valor do investimento) = $ (550) (valor da equivalência patrimonial);
- assim, a despesa de equivalência patrimonial é reconhecida no valor de $ 500, e a diferença (de $ 50) deverá ser contabilizada no passivo.

Débito	Resultado da equivalência patrimonial	$ 550
Crédito	Participação Cia. Amazonas	$ 500
Crédito	Obrigação legal ou construtiva	$ 50

Balancete de verificação, após contabilização da equivalência patrimonial e apuração do resultado, ilustrado na tabela 16.

Tabela 16
BALANCETE DE VERIFICAÇÃO

Cia. Duque de Caxias S.A. Balancete de verificação (após a equivalência) — 31 de dezembro de 20t8		
Contas	Devedora ($)	Credora ($)
Bancos	28.000	—
Duplicatas a receber	1.000	—
Mercadorias	38.000	—
ICMS a recuperar	5.000	—
Empréstimo de longo prazo a receber da investida	950	—
Veículos	40.000	—
Depreciação acumulada	—	4.000
Participação Cia. Amazonas S.A	—	—
Fornecedor	—	30.000
Capital social	—	67.000
Custo das mercadorias vendidas	50.000	—
Despesas com ICMS	9.500	—
Despesas com serviços de terceiros	14.000	—
Despesas com depreciação	4.000	—
Resultado da equivalência patrimonial	500	—
Despesa com perdas na Cia. Amazonas S.A. (passivo a descoberto)	50	—
Vendas	—	90.000
Total	191.000	191.000

Caso a coligada volte a apresentar lucros, o saldo do investimento voltará a ser positivo, seguindo a equivalência patrimonial, e o investidor retomará o reconhecimento de sua parte nesses lucros somente após o ponto em que a parte que lhe cabe nesses lucros posteriores se igualar à sua parte nas perdas não reconhecidas (CPC 18, §30).

Contabilização de outras transações e eventos

Nesta seção são apresentadas as políticas de contabilização de ágio, do *impairment*, da perda de influência significativa e transações entre a investidora e a investida.

Ágio por rentabilidade futura por participação em coligada e em controlada

Quando, no momento da aquisição (no ato do reconhecimento e mensuração inicial) de um investimento em coligada e controlada, houver quaisquer diferenças entre o custo do investimento e a parte do investidor no valor justo líquido dos ativos e passivos identificáveis da investida, essas diferenças devem ser contabilizadas como se segue:

(a) o ágio fundamentado em rentabilidade futura (*goodwill*) relativo a uma coligada ou controlada (neste caso, no balanço individual da controladora) deve ser incluído no valor contábil do investimento, e sua amortização não é permitida;

(b) qualquer excedente da parte do investidor no valor justo líquido dos ativos e passivos identificáveis da investida, sobre o custo do investimento, deve ser incluído como receita na determinação da parte do investidor nos resultados da investida no período em que o investimento for adquirido [CPC 18, §23].

Ressalte-se que, de acordo com o §23 do CPC 18,

ajustes apropriados devem ser efetuados após a aquisição, nos resultados da investida, por parte do investidor, para considerar, por exemplo, a depreciação de ativos com base nos respectivos valores justos da data da aquisição. Da mesma forma, retificações na parte do investidor nos resultados da investida devem ser feitas, após a aquisição, por conta de perdas reconhecidas pela investida em decorrência da redução do valor desses ativos ao seu valor recuperável (*impairment*), tais como, por exemplo, para o ágio fundamentado em rentabilidade futura (*goodwill*) ou para o ativo imobilizado [...]

Estes e outros ajustes são tratados no capítulo 3.

Exemplo 4 — Aquisição de investimento com goodwill

Para melhor visualização, segue exemplo. Em 31 de dezembro de 20t8, a Cia. DDD S.A., que tem por objetivo a compra e venda de máquinas, apresentou sua demonstração da posição financeira (balanço patrimonial).

Tabela 17
DEMONSTRAÇÃO DA POSIÇÃO FINANCEIRA

Cia. DDD S.A Demonstração da posição financeira — 31 de dezembro de 20t8			
Ativo	$	Passivo	$
Ativo circulante		Patrimônio líquido	
Disponível		Capital social	2.500.000
Bancos	600.000		
Créditos			
Duplicatas a receber	500.000		
Estoque			
Mercadoria	700.000		
Ativo não circulante			
Investimentos			
Terrenos	300.000		
Imóveis para locação	400.000		
Total	2.500.000	Total	2.500.000

A estrutura patrimonial da Cia. DDD S.A., a valores justos, está demonstrada na tabela 18.

Tabela 18
DEMONSTRAÇÃO DA POSIÇÃO FINANCEIRA

Cia. DDD S.A.			
Demonstração da posição financeira (ao valor justo) — 31 de dezembro de 20t8			
Ativo	$	Passivo	$
Ativo circulante		Patrimônio líquido	
Disponível		Capital social	2.500.000
Bancos	600.000	Ajuste da avaliação patrimonial	200.000
Créditos			
Duplicatas a receber	500.000		
Estoque			
Mercadoria	700.000		
Ativo não circulante			
Investimentos			
Terrenos	500.000		
Imóveis para locação	400.000		
Total	**2.700.000**	**Total**	**2.700.000**

A Cia. AAA S.A., que apresentava a seguinte situação patrimonial ilustrada na tabela 19 em 1º de janeiro de 20t9, decidiu investir na Cia. DDD S.A. adquirindo 25% do seu capital social pelo preço de $ 720.000.

Tabela 19
DEMONSTRAÇÃO DA POSIÇÃO FINANCEIRA

Cia. AAA S.A. Demonstração da posição financeira (antes do investimento) – 1º de janeiro de 20t9			
Ativo	$	Passivo	$
Ativo circulante		Patrimônio líquido	
Disponível		Capital social	6.000.000
Bancos	5.000.000		
Ativo não circulante			
Investimentos			
Imóveis para locação	1.000.000		
Total	6.000.000	Total	6.000.000

Conforme demonstrado a seguir:

Participação na Cia. DDD S.A.	$ 625.000	= $ 2.500.000 × 25%
Participação no valor justo dos ativos líquidos identificados	$ 50.000	= $ 200.000 × 25%
Valor total pago	$ 720.000	
Valor pago acima do valor justo dos ativos líquidos identificados	$ 45.000	= $ 720.000 – $ 625.000 – $ 50.000

Como consequência de tal decisão, sua estrutura patrimonial, após aquisição da participação societária, passou a ser representada conforme tabela 20.

Tabela 20
Demonstração da posição financeira

Cia. AAA S.A. Demonstração da posição financeira (após o investimento) – 1º de janeiro de 20t9			
Ativo	$	Passivo	$
Ativo circulante		Patrimônio líquido	
Disponível		Capital social	6.000.000
Bancos	4.280.000		
Ativo não circulante			
Investimentos			
Participação Cia. DDD S.A.	625.000		
Goodwill Cia. DDD S.A.	45.000		
Ágio terreno Cia. DDD S.A.	50.000		
Saldo dos investimentos	720.000		
Imóveis para locação	1.000.000		
Total	6.000.000	Total	6.000.000

A Interpretação Técnica ICPC 09 define, em seu §23, que,

> na data da obtenção do controle, o montante do investimento decorrente de aquisição de controladas deve ser registrado nas demonstrações contábeis individuais da adquirente de forma segregada, para fins de controle e evidenciação, entre o valor do investimento proporcional ao percentual de participação sobre o patrimônio líquido ajustado a valor justo (conforme item 20 da Interpretação) e o ágio por expectativa de resultado futuro (*goodwill*), no ativo não circulante da seguinte maneira:
> (a) o valor representado pela aplicação da percentagem de participação adquirida aplicada sobre o patrimônio líquido da adquirida ajustado pelas práticas contábeis da investidora e com ativos e passivos a seus valores justos (inclusive ativos anteriormente não reconhecidos e passivos contingentes

que tenham influenciado no preço da operação, conforme item 20).

[...]

Esse investimento mensurado pela parte da controladora no valor justo dos ativos líquidos da adquirida, por consequência, deve ser subdividido para fins de controle, na entidade adquirente, em:

(i) parcela relativa à equivalência patrimonial sobre o patrimônio líquido *contábil* da adquirida; e

(ii) parcela relativa à diferença entre (i) e a parte da adquirente no valor justo dos ativos líquidos da adquirida, mensurados de acordo com o Pronunciamento Técnico CPC 15, na data da obtenção do controle. Essa parcela representa a mais-valia derivada da diferença entre o valor justo e o valor contábil dos ativos líquidos da adquirida;

(b) o ágio pago por expectativa de rentabilidade futura (*goodwill*), representado pela diferença positiva entre o valor pago (ou valores a pagar) e o montante líquido proporcional adquirido do valor justo dos ativos e passivos da entidade adquirida [...]

Redução ao valor recuperável (impairment)

Em seu §33, o CPC 18 determina que, como o ágio fundamentado em rentabilidade futura (*goodwill*) integra o valor contábil do investimento na coligada, ele não é testado separadamente em relação ao seu valor recuperável. Acrescenta, ainda, o citado parágrafo:

> Em vez disso, o valor contábil total do investimento é que é testado como um único ativo, em conformidade com o disposto no CPC 01 — Redução ao Valor Recuperável de Ativos (relativo

ao IAS 36), pela comparação de seu valor contábil com seu valor recuperável (valor de venda líquido dos custos para vender ou valor em uso, dos dois o maior), sempre que os requisitos do CPC 38 — Instrumentos Financeiros: Reconhecimento e Mensuração (relativo ao IAS 39) indicarem que o investimento possa estar afetado, ou seja, que indicarem alguma perda por redução ao seu valor recuperável. A perda por redução ao valor recuperável reconhecida nessas circunstâncias não é alocada para algum ativo que constitui parte do valor contábil do investimento na coligada, incluindo o ágio fundamentado em rentabilidade futura (*goodwill*). Consequentemente, a reversão dessas perdas é reconhecida de acordo com o CPC 01 (relativo ao IAS 36), na medida do aumento subsequente no valor recuperável do investimento. Na determinação do valor em uso do investimento, a entidade deve estimar:

(a) sua parte no valor presente dos fluxos de caixa futuros que se espera sejam gerados pela coligada, incluindo os fluxos de caixa das operações da coligada e o valor residual esperado com a alienação do investimento;

(b) o valor presente dos fluxos de caixa futuros esperados em função do recebimento de dividendos provenientes do investimento e o valor residual esperado com a alienação do investimento.

O valor recuperável deve ser determinado para cada coligada separadamente, a menos que a coligada não gere entradas de caixa de forma independente de outros ativos da entidade (CPC 18, §34).

Independentemente de existir ou não qualquer indicação de redução ao valor recuperável (*impairment*), uma entidade deverá testar, anualmente, o ágio pago por expectativa de rentabilidade futura (*goodwill*) em uma aquisição de entidades.

O ágio pago por uma controladora cujo fundamento econômico é expectativa de rentabilidade futura (*goodwill*) deve ser testado por *impairment*, como parte da correspondente unidade geradora de caixa (UGC). O CPC 01, em seu §6, define UGC como sendo "o menor grupo identificável de ativos que gera entradas de caixa, entradas essas que são em grande parte independentes das entradas de caixa de outros ativos ou outros grupos de ativos". A identificação de uma UGC requer julgamento. Se o valor recuperável não puder ser determinado para cada ativo, a entidade identificará o menor grupo de ativos que geram entradas de caixa, em grande parte independentes.

O CPC 01 define, em seu §81:

> O ágio por expectativa de rentabilidade futura (*goodwill*) reconhecido em uma combinação de negócios é um ativo que representa benefícios econômicos futuros advindos de outros ativos adquiridos na combinação de negócios que não são identificados individualmente e não são reconhecidos separadamente. O ágio por expectativa de rentabilidade futura (*goodwill*) não gera fluxos de caixa independentemente de outros ativos ou grupos de ativos, e frequentemente contribui para os fluxos de caixa de múltiplas unidades geradoras de caixa. Às vezes, o ágio por expectativa de rentabilidade futura (*goodwill*) não pode ser alocado em base não arbitrária a unidades geradoras de caixa individuais, mas apenas a grupos de unidades geradoras de caixa. Assim, o menor nível dentro da entidade, no qual o ágio por expectativa de rentabilidade futura (*goodwill*) é monitorado para fins gerenciais internos, às vezes inclui algumas unidades geradoras de caixa às quais o ágio se relaciona, mas às quais não pode ser alocado. As referências nos itens 83 a 99 a uma unidade geradora de caixa à qual o ágio deve ser alocado devem ser lidas também como referências a um grupo de unidades geradoras de caixa às quais o ágio deve ser alocado.

Quando o ágio por expectativa de rentabilidade futura (*goodwill*) se relaciona com uma UGC, mas não foi alocado naquela unidade, esta deverá ser testada para redução ao valor recuperável sempre que houver uma indicação de que a unidade possa estar desvalorizada, ao comparar o valor contábil da unidade, excluindo qualquer ágio (*goodwill*), com seu valor recuperável. Qualquer perda por desvalorização deverá ser reconhecida na seguinte ordem, conforme o CPC 01, §104:

> (a) primeiramente, para reduzir o valor contábil de qualquer ágio por expectativa de rentabilidade futura (*goodwill*) alocado à unidade geradora de caixa (grupo de unidades); e
> (b) a seguir, os outros ativos da unidade (grupo de unidades) proporcionalmente ao valor contábil de cada ativo da unidade (grupo de unidades).

Essas reduções nos valores contábeis devem ser tratadas como perda por desvalorização de itens individuais dos ativos e reconhecidas imediatamente no resultado do período, a menos que o ativo tenha sido reavaliado. Qualquer desvalorização de um ativo reavaliado deve ser tratada como uma diminuição do saldo da reavaliação. Neste sentido, define o §105 do CPC 01:

> Ao alocar a perda por desvalorização [...], a entidade não deve reduzir o valor contábil de um ativo abaixo do valor mais alto na comparação entre:
> (a) seu valor líquido de venda, se este puder ser determinado;
> (b) seu valor em uso, se este puder ser determinado; [conforme definido no CPC 01, valor em uso é "o valor presente de fluxos de caixa futuros estimados, que devem resultar do uso de um ativo ou de uma unidade geradora de caixa", descontados à taxa de mercado que melhor reflita o valor da moeda no tempo e os riscos específicos do ativo avaliado]; e
> (c) zero.

Se uma unidade geradora de caixa (UGC) incluir em seu valor contábil um ativo intangível que tenha uma vida útil indefinida, ou que ainda não esteja disponível para ser usado, e esse ativo somente puder ser testado para redução ao valor recuperável como parte da UGC, a unidade também deverá ser testada, anualmente, para redução ao valor recuperável.

Periodicidade da realização dos testes de recuperabilidade

O CPC 01 define:

> 96. O teste anual de redução ao valor recuperável para uma unidade geradora de caixa na qual houve alocação de ágio derivado de expectativa de rentabilidade futura (*goodwill*) pode ser realizado a qualquer momento durante um período anual, desde que o teste seja realizado, todos os anos, na mesma ocasião. Unidades geradoras de caixa diferentes podem ser testadas, em momentos diferentes, para verificação da redução ao valor recuperável. Porém, se parte ou todo o ágio alocado a uma unidade geradora de caixa decorre de uma aquisição feita durante o período anual corrente, aquela unidade deve ser testada para redução ao valor recuperável antes do fim do período anual corrente.
> [...]
> 99. O mais recente cálculo detalhado, feito em período anterior, do valor recuperável de uma unidade geradora de caixa à qual o ágio por expectativa de rentabilidade futura (*goodwill*) tenha sido alocado pode ser utilizado no teste dessa unidade no período corrente, desde que todos os critérios abaixo sejam atendidos:
>   (a) os ativos e os passivos que formam a unidade não tenham sofrido mudanças significativas desde o cálculo mais recente do valor recuperável;

(b) o cálculo mais recente de valor recuperável tenha resultado em valor que ultrapasse o valor contábil de uma unidade por uma margem substancial; e

(c) com base em uma análise de eventos que tenham ocorrido, e circunstâncias que tenham mudado desde o cálculo mais recente do valor recuperável, a probabilidade de determinação corrente do valor recuperável de uma unidade geradora de caixa ser inferior ao valor contábil corrente é remota.

Caso a coligada ou controlada apure passivo a descoberto, a investidora deverá, além de adotar os procedimentos apresentados na seção "Investida com passivo a descoberto" deste capítulo, reconhecer a baixa do valor integral do goodwill relativo a tal coligada ou controlada que, porventura, esteja contabilizado em sua demonstração da posição financeira (balanço patrimonial).

Segue o exemplo da contabilização da aquisição de um investimento em uma controlada, com a apuração de ágio decorrente de rentabilidade futura (goodwill) e posterior teste de impairment do goodwill. Este exemplo é aplicável também para coligadas.

Exemplo 5 — Aquisição de investimento com goodwill e subsequente impairment

Em 31 de dezembro de 19X1 a Good a Bessa S.A. adquiriu 100% do capital social da Delícia Tropical Ltda., pagando o valor de $ 120.000. A investida foi identificada como uma única UGC. Com base nos dados apresentados na tabela 21 a seguir, contabilize o investimento da Good a Bessa S.A., de acordo com os CPCs.

Tabela 21
DEMONSTRAÇÃO DO CÁLCULO DO ÁGIO (GOODWILL)

Delícia Tropical Ltda. Demonstração do cálculo do ágio (goodwill) – 31 de dezembro de 19X1			
Ativo	Valor contábil ($)	Valor justo ($)	Diferença ($)
Disponível	1.000	1.000	–
Estoques	20.000	35.000	15.000
Imobilizado	50.000	80.000	30.000
	71.000	116.000	45.000
Passivo e patrimônio líquido			
Fornecedores	21.000	21.000	
Patrimônio líquido	50.000	(1) 95.000	
Valor pago		(2) 120.000	
Ágio (goodwill) = (2) – (1)		25.000	

Tabela 22
COMPOSIÇÃO DO INVESTIMENTO

	$
Patrimônio líquido contábil	50.000
+ Mais-valia dos estoques	15.000
+ Mais-valia do imobilizado	30.000
Equivalência patrimonial nos ativos líquidos identificáveis ao valor justo	95.000
+ Goodwill	25.000
	120.000

Investimento (ao valor justo)	Goodwill
($) 95.000	($) 25.000

No exercício findo em 31 de dezembro de 19X2 a Delícia Tropical Ltda. apresentou um lucro de $ 18.000, passando o valor contábil de seu patrimônio líquido para $ 68.000. Todo o seu estoque inicial foi vendido, e o imobilizado depreciado à taxa de 20%.

Calculemos, então, a equivalência patrimonial em 31 de dezembro de19X2:

- no lucro = 100% × $ 18.000 = $ 18.000 = resultado de equivalência patrimonial (REP);
- na mais-valia do estoque = 100% × $ 15.000 = (15.000) = REP;
- na mais-valia do imobilizado = 20% × $ 30.000 = (6.000) = REP. Logo:

Investimento ($)		REP ($)		Goodwill ($)
95.000	15.000	15.000	18.000	25.000
18.000	6.000	6.000		
92.000		3.000		

Repetindo o conceito de ágio por expectativa de rentabilidade futura (*goodwill*) de acordo com o IFRS *for* SMEs: *goodwill* são os futuros benefícios econômicos decorrentes dos ativos não capazes de ser individualmente identificados e separadamente reconhecidos.

Goodwill — Teste de impairment

PASSO 1

Apuração do valor recuperável da unidade geradora de caixa (UGC) — O valor recuperável da UGC é o maior valor resultante da comparação entre o valor justo de mercado da UGC, líquido dos custos de venda, e o seu "valor em uso", o qual é definido como o valor presente dos fluxos de caixa futuros estimados previstos para serem recebidos pela UGC.

Valor justo da UGC menos os custos para vender	$ 80.000
Valor em uso	$ 105.000

Logo, o valor recuperável da UGC é $ 105.000.

Passo 2

Valor recuperável da UGC	$ 105.000	
Valor contábil da UGC (investimento $ 92.000 + *goodwill* $ 25.000)	$ 117.000	
Perda por irrecuperabilidade (*impairment*) — passa-se ao passo 3	$ 12.000	(= $ 117.000 – $ 105.000)

Passo 3

Alocação da perda inicialmente ao *goodwill* e, se houver perda excedente, esta será alocada aos demais ativos que compõem a UGC, desde que não reduza seu valor abaixo de:

- seu valor líquido de venda, se este puder ser determinado;
- valor presente de seu valor em uso, se este puder ser determinado; e
- zero.

Como o valor contábil do *goodwill* ($ 25.000) é maior que o valor da perda ($ 12.000), esta é integralmente alocada ao *goodwill*, cujo valor é reduzido para $ 13.000 ($ 25.000 – $ 12.000).

Após o reconhecimento da perda, o investimento é composto como demonstrado na tabela 23.

Tabela 23
COMPOSIÇÃO DO INVESTIMENTO (APÓS *IMPAIRMENT*)

	$
Equivalência patrimonial ao valor contábil do PL da Delícia Tropical	68.000
Mais-valia do imobilizado (ajustado após depreciação) = $ 30.000 menos $ 6.000	24.000
Equivalência patrimonial ao valor justo dos ativos e passivos identificáveis separadamente da Delícia Tropical	92.000
Goodwill	13.000
Valor recuperável da UGC	105.000

Perda da influência significativa

Conforme item 19A do CPC 18,

>se o investidor perde a influência significativa sobre sua coligada, ou perde o controle sobre a controlada (sem que passe para a categoria de coligada), ele deve contabilizar os valores reconhecidos de forma reflexa em seu patrimônio líquido provenientes de resultados diretamente reconhecidos no patrimônio líquido da coligada e da controlada (outros resultados abrangentes), nas mesmas bases que seriam requeridas se a investida tivesse alienado os ativos e passivos que lhes deram origem. Portanto [...], o investidor reclassifica o respectivo ganho ou perda de seu patrimônio líquido para o resultado do período (como ajuste de reclassificação). Por exemplo, se a coligada possui saldo de reserva de reavaliação em seu patrimônio líquido e o investidor perde a influência significativa sobre a coligada, o investidor reclassifica para o resultado do período os ganhos e perdas reconhecidos de forma reflexa previamente em seu patrimônio líquido como outros resultados abrangentes. Se a participação relativa do investidor na coligada ou na controlada é reduzida, porém o investimento continua sendo uma coligada

ou controlada, os ganhos e as perdas previamente reconhecidos de forma reflexa no patrimônio líquido do investidor como outros resultados abrangentes devem ser reclassificados para o resultado do período de forma proporcional.[4]

No sentido inverso, caso um investimento previamente classificado como mantido para a venda passe a observar os critérios para classificação como coligada, a investidora deve contabilizá-lo pela equivalência patrimonial desde a data em que tiver sido inicialmente classificado como mantido para venda. Em outras palavras, as demonstrações contábeis do investidor, desde o período em que o investimento foi contabilizado como mantido para venda até o período em que a investida foi considerada coligada, devem ser adequadamente ajustadas, de forma retroativa.

Transações ascendentes (upstream) e descendentes (downstream)

São chamadas de transações ascendentes e descendentes as transações que ocorrem entre o investidor e sua coligada ou controlada. Por exemplo, a venda de um ativo do investidor para a coligada é considerada uma transação descendente.

Resultados que porventura decorram dessas transações devem ser observados com atenção, pois a parte do resultado dessa transação que já é por direito do investidor não compõe um resultado real para o investidor, devendo ser eliminada. Somente os resultados que se referem à participação de outros

---

[4] Este procedimento, embora esteja de acordo com os *full* IFRSs, não é permitido no Brasil, por força da Lei nº 6.404/1976 (com redação dada pela Lei nº 11.638/2007).

investidores sobre a coligada ou controlada, que sejam independentes do grupo econômico a que pertence a investidora, devem ser reconhecidos.

Os resultados decorrentes de transações ascendentes e descendentes entre a controladora e a controlada não serão reconhecidos nas demonstrações contábeis individuais da vendedora enquanto os ativos transacionados estiverem no balanço da adquirente pertencente ao grupo econômico. Para maiores detalhes destas transações deve ser observada a ICPC 09 (Demonstrações contábeis individuais, demonstrações separadas, demonstrações consolidadas e aplicação do método de equivalência patrimonial).

Para exemplos sobre a eliminação dos lucros não realizados, veja a seção "Procedimentos para elaboração das demonstrações consolidadas" e a subseção "Exemplo de lucros não realizados de venda da controladora para a controlada (*downstream*)", no capítulo 3 deste livro.

Amortização do goodwill

Os *full* IFRSs e os CPCs proíbem a amortização de ativo intangível com vida indeterminada, como é o caso do *goodwill*. Entretanto, o IFRS *for* SMEs e o CPC-PME exigem que o *goodwill* seja amortizado (ver §19.23 deste último).

O IFRS *for* SMEs/CPC-PME não estabelece o critério de amortização, mas apresenta orientações quanto à determinação do tempo de vida útil. O período de amortização (vida útil) é o prazo no qual a entidade espera colher os benefícios futuros do ativo. Caso a entidade não consiga determinar esse período, deve amortizar o *goodwill* em 10 anos.

Exemplo 6 — Amortização do goodwill
(prazo não determinado)

A PME C adquiriu participação societária na PME J, sua coligada, e resolveu contabilizá-la pelo método da equivalência patrimonial, tendo pago *goodwill* no valor de $ 25.000 (ver §14.8 (c) do IFRS *for* SMEs/CPC-PME). A administração da PME C não é capaz de estimar, com segurança, o tempo de vida útil do *goodwill* adquirido.

Portanto, o *goodwill* é amortizado em 10 anos, isto é, em 10% ao ano. Dessa forma, a investidora (PME C) deve amortizar o *goodwill* em $ 2.500 por ano (isto é, $ 25.000 × 10% ao ano).

Exemplo 7 — Amortização do goodwill
(prazo estimado com segurança)

Este exemplo é idêntico ao anterior, exceto pelo fato de que, neste, a administração da PME C é capaz de estimar com segurança o tempo de vida útil do *goodwill* adquirido em 20 anos.

Portanto, o *goodwill* é amortizado em 20 anos, isto é, em 5% ao ano. Dessa forma, a investidora (PME C) deve amortizar o *goodwill* em $ 1.250 por ano (isto é, $ 25.000 × 5% ao ano).

Cabe observar que esta seção ("Amortização do *goodwill*") só é aplicável às PMEs.

Evidenciação

O CPC 18, em seu §37, lista o mínimo de itens que a entidade deve evidenciar em notas explicativas:

(a) o valor justo dos investimentos em coligadas e controladas para os quais existam cotações de preço divulgadas;
(b) informações financeiras resumidas das coligadas e controladas, incluindo os valores totais de ativos, passivos, receitas e do lucro ou prejuízo do período;
(c) as razões pelas quais foi desprezada a premissa de não existência de influência significativa, se o investidor detém, direta ou indiretamente por meio de suas controladas, menos de 20% do poder de voto da investida (incluindo o poder de voto potencial), mas conclui que possui influência significativa;
(d) as razões pelas quais foi desprezada a premissa da existência de influência significativa, se o investidor detém, direta ou indiretamente por meio de suas controladas, 20% ou mais do poder de voto da investida (incluindo o poder de voto potencial), mas conclui que não possui influência significativa;
(e) a data de encerramento do exercício social refletido nas demonstrações contábeis da coligada e da controlada utilizadas para aplicação do método de equivalência patrimonial, sempre que essa data ou período divergirem dos do investidor e as razões pelo uso de data ou período diferente;
(f) a natureza e a extensão de quaisquer restrições significativas (por exemplo, em consequência de contratos de empréstimos ou exigências legais ou regulamentares) sobre a capacidade de a coligada ou controlada transferir fundos para o investidor na forma de dividendos ou pagamento de empréstimos ou adiantamentos;
(g) a parte não reconhecida nos prejuízos da coligada, tanto para o período quanto para o acumulado, caso o investidor tenha suspendido o reconhecimento de sua parte nos prejuízos da coligada ou controlada;
(h) o fato de a participação na coligada e na controlada não estar contabilizada pelo método de equivalência patrimonial, em conformidade com as exceções especificadas no item 13 deste Pronunciamento [CPC 18];

(i) informações financeiras resumidas das coligadas e controladas cujos investimentos não foram contabilizados pelo método de equivalência patrimonial, individualmente ou em grupo, incluindo os valores do ativo total, do passivo total, das receitas e do lucro ou prejuízo do período; e

(j) excepcionalíssima situação que possa fazer com que o lucro líquido e/ou o patrimônio líquido do balanço individual da controladora não sejam os respectivos valores de seu balanço consolidado, quando este é elaborado conforme as normas internacionais de contabilidade, como é o caso de alguma determinação ou permissão legal para o balanço individual que não se aplique à demonstração consolidada (como é o caso do ativo diferido conforme item 20 do Pronunciamento Técnico CPC 13 — Adoção Inicial da Lei nº 11.638/07 e da Medida Provisória nº 449/08).

A conta investimento em controladas deve ser detalhada quanto aos seus três componentes (se existirem): valor patrimonial da participação da controladora no patrimônio líquido contábil da controlada adquirida; valor da mais-valia dos ativos líquidos adquiridos atribuída à controladora e ágio por rentabilidade futura (*goodwill*) atribuído à controladora.

No caso específico da ocorrência de passivos contingentes, o investidor deve evidenciar três pontos: a parte que lhe cabe dos passivos contingentes da coligada, os passivos contingentes que surgiram em decorrência de o investidor ser solidariamente responsável por todos ou parte dos passivos da coligada e, no caso do balanço individual, o total dos passivos contingentes das controladas.

Quanto aos investimentos em coligadas e controladas, o CPC-PME exige que sejam evidenciados (CPC-ME, §14.12 a 14.15):

- a política contábil para contabilização dos investimentos em coligadas;
- o valor contábil desses investimentos;
- o valor justo dos investimentos em coligadas contabilizados pelo modelo do custo ou pelo método da equivalência patrimonial;
- para os investimentos em coligadas contabilizados pelo modelo do custo, o valor dos dividendos e outras distribuições recebidas reconhecidas no resultado do período;
- para os investimentos em coligadas contabilizados pelo método da equivalência patrimonial, a participação nos resultados da coligada devem ser apresentados separadamente da participação nos resultados de operações descontinuadas;
- para os investimentos em coligadas contabilizados pelo modelo do valor justo, os critérios para determinação do valor justo;
- a conciliação do valor contábil do *goodwill* entre o saldo inicial e o saldo final do período.

Comparação entre os pronunciamentos contábeis

Esta seção apresenta, de forma resumida, uma comparação dos pronunciamentos contábeis relevantes, dois a dois.

Comparação full IFRSs versus IFRS for SMEs

Em linhas gerais, o IFRS *for* SMEs é uma simplificação dos *full* IFRSs, que utiliza linguagem mais simples (embora em inglês). As principais diferenças são: (a) o IFRS *for* SMEs permite que a investidora escolha livremente qual critério de mensuração adotar para os investimentos em coligadas e controladas, entre método do custo, método da equivalência patrimonial (tal qual apresentado no presente capítulo) e método do valor justo; e (b) o IFRS *for* SMEs exige que o *goodwill* seja amortizado, enquanto os *full* IFRSs proíbem tal amortização.

Aqui cabe um comentário específico à Lei das Sociedades por Ações (Lei nº 6.404/1976), que exige que as controladas sejam contabilizadas pelo método da equivalência patrimonial nas demonstrações contábeis separadas da controladora. Esse tratamento contábil não é aceito pelos *full* IFRSs. Portanto, as entidades brasileiras obrigadas a adotar os *full* IFRSs (companhias listadas, sociedades por ações de capital fechado e empresas de grande porte — isto é, com ativo total superior a R$ 240 milhões ou receita bruta anual superior a R$ 300 milhões) terão essa inconsistência enquanto o art. 248 da Lei nº 6.404/1976 não for alterado.

Comparação full IFRSs versus CPCs

Embora os *full* IFRSs apresentem os procedimentos para contabilização de investimentos em coligadas e controladas em pronunciamentos diferentes (IAS 28 e IAS 27, respectivamente), e o CPC junte a contabilização de investimentos em coligadas e controladas no CPC 18, em essência não há diferença entre esses pronunciamentos.

Comparação IFRS for SMEs versus CPC-PME

Tal qual na diferença entre os *full* IFRSs e os CPCs, embora o IFRS *for* SMEs separe a contabilização dos investimentos em coligadas e controladas em duas seções (14 e 9, respectivamente), e o CPC-PME junte a contabilização de investimentos em coligadas e controladas na seção 14, em essência não há diferença entre esses pronunciamentos.

Considerações finais

Este capítulo, baseado no CPC 18, é de fundamental importância para o entendimento das condições de aplicação do método de equivalência patrimonial nas participações societárias em coligadas e controladas. O CPC 18 determina o registro, na demonstração da posição financeira individual da investidora, do investimento na coligada ou controlada pelo método de equivalência patrimonial. Essa exigência não é requerida pelo IAS 28, o qual define que as sociedades controladas sejam apenas incluídas no balanço consolidado. Neste capítulo estudamos o conceito de coligadas e controladas; a definição e exemplificação de influência significativa; como o poder de voto por meio de outros instrumentos financeiros (direitos de subscrição, opção de compra de ações, instrumentos de dívida e patrimoniais conversíveis em ações entre outros) pode resultar em influência significativa e/ou controle. Estudamos, também, o tratamento do ágio por rentabilidade futura e da redução do valor recuperável desse ágio (*impairment*).

No capítulo seguinte veremos a consolidação das demonstrações contábeis.

3

Fundamentos da consolidação

A finalidade deste capítulo é apresentar os critérios para elaboração das demonstrações contábeis consolidadas, destacando a participação dos acionistas não controladores no patrimônio líquido e no resultado abrangente das entidades consolidadas. Esperamos que ao final da leitura deste capítulo o leitor esteja apto a:

❑ entender os objetivos da consolidação das demonstrações financeiras;
❑ compreender o significado de um grupo econômico;
❑ identificar as condições necessárias para que uma sociedade seja incluída nas demonstrações financeiras consolidadas;
❑ compreender e elaborar as técnicas de consolidação;
❑ entender como tratar os investidores não controladores nas demonstrações financeiras consolidadas, se pelo valor justo da sua participação ou pelo valor justo dos ativos líquidos da sociedade da qual participam;
❑ apurar e contabilizar o ágio/deságio proveniente de expectativa de lucros futuros (*goodwill/goodwill* negativo).

Objetivos da consolidação

A consolidação tem por finalidade gerar informações que possam apresentar ao conjunto dos usuários das demonstrações contábeis da entidade controladora condições de avaliar a posição do resultado das operações e das mutações na posição financeira e econômica do grupo, já que a primordial expectativa que se tem de um empreendimento com fins lucrativos é gerar lucros adequados e compatíveis com os investimentos feitos pelos investidores. Essas informações são obtidas através da elaboração das demonstrações contábeis consolidadas.

O CPC 36 exige que as demonstrações contábeis de um conjunto de entidades (grupo econômico) sejam apresentadas como se fossem as de uma única entidade econômica. Isto porque a consolidação só se aplica aos investimentos em controladas. O pronunciamento estabelece, em seu §10, que a controladora poderá deixar de apresentar demonstrações consolidadas somente se:

(a) a controladora é ela própria uma controlada (integral ou parcial) de outra entidade, a qual, em conjunto com os demais proprietários, incluindo aqueles sem direito a voto, foi consultada e não fez objeções quanto a não apresentação das demonstrações contábeis consolidadas pela controladora;

(b) os instrumentos de dívida ou de capital da controladora não são negociados em um mercado aberto (bolsas de valores no País ou no exterior ou um mercado descentralizado de títulos não listados em bolsa de valores ou cujas negociações ocorrem diretamente entre as partes, incluindo mercados locais e regionais);

(c) a controladora não registrou e não está em processo de registro de suas demonstrações contábeis na Comissão de Valores Mobiliários ou outro órgão regulador, visando à emissão de algum tipo ou classe de instrumento em um mercado aberto; e

(d) a controladora final (ou intermediária) da controladora disponibiliza ao público suas demonstrações contábeis consolidadas em conformidade com os Pronunciamentos Técnicos do CPC — Comitê de Pronunciamentos Contábeis.

O CPC 36 define que controlada é a entidade — incluindo aquela não constituída sob a forma de sociedade, tal como uma parceria — na qual a controladora, diretamente ou por meio de outras controladas, é titular de direitos de sócio que lhe assegurem, de modo permanente, preponderância nas deliberações sociais e o poder de eleger a maioria dos administradores.

Segundo o §13 do CPC 36,

> presume-se que exista controle quando a controladora possui, direta ou indiretamente por meio de suas controladas, mais da metade do poder de voto da entidade, a menos que, em circunstâncias excepcionais, possa ficar claramente demonstrado que tal relação de propriedade não constitui controle. O controle também pode existir no caso de a controladora possuir metade ou menos da metade do poder de voto da entidade, quando houver:
>
> (a) poder sobre mais da metade dos direitos de voto por meio de um acordo com outros investidores;
>
> (b) poder para governar as políticas financeiras e operacionais de uma entidade conforme especificado em estatuto ou acordo;
>
> (c) poder para indicar ou destituir a maioria dos membros da diretoria ou conselho de administração, quando o controle da entidade é exercido por essa diretoria ou conselho de administração;
>
> (d) poder para mobilizar a maioria dos votos nas reuniões da diretoria ou conselho de administração, quando o controle da entidade é exercido por essa diretoria ou conselho.

Na determinação de existência de controle devemos, ainda, levar em consideração a questão de a investidora possuir instrumentos financeiros da investida conversíveis em ações com direito de voto. São exemplos os bônus de subscrição de ações, debêntures conversíveis e outros direitos ou instrumentos patrimoniais ou de dívida conversíveis em ações com poder de voto, que, caso sejam convertidos ou conversíveis imediatamente, confiram à investidora o poder de voto adicional ou reduzam o poder de voto de outras partes sobre as políticas financeiras e operacionais da investida.

No que se refere ao conjunto de entidades que serão consideradas para a consolidação, devemos destacar que não serão excluídas controladas cujas atividades de negócio sejam diferentes daquelas das demais entidades do grupo econômico.

A condição fundamental para a elaboração da consolidação é o controle efetivo (preponderância nas deliberações sociais da entidade investida).

Procedimentos para elaboração das demonstrações consolidadas

Inicialmente devemos dispor das demonstrações da controladora e das controladas a serem consolidadas e obter o somatório do saldo de cada conta das referidas demonstrações, gerando, desta forma, novas demonstrações (balanço patrimonial e demonstração do resultado), que serão utilizadas com o objetivo de proceder aos ajustes necessários para a eliminação de todos os eventos e transações que são comuns entre controladora e controlada(s).

Conforme definido no CPC 36, em seu §18, "para que as demonstrações contábeis consolidadas apresentem informações sobre o grupo econômico como uma única entidade econômica, os seguintes procedimentos devem ser adotados":

- o valor contábil do investimento da controladora em cada controlada (exceto o ágio pago por expectativa de rentabilidade futura (*goodwill*) deve ser eliminado contra a parte dessa controladora no patrimônio líquido de cada controlada. Conforme mencionado adiante neste capítulo, sob o título "Participação dos controladores e dos não controladores nas demonstrações contábeis consolidadas envolvendo o valor justo dos ativos líquidos", nas combinações de negócios o saldo do ágio por expectativa de resultados futuros (*goodwill*), quando houver, deve ser classificado no grupo dos ativos intangíveis no balanço consolidado (CPC 36, §18 (a));
- identificar a participação dos não controladores no resultado do período e nos resultados abrangentes das controladas consolidadas para o período de apresentação das demonstrações contábeis (CPC 36, §8 (b));
- "identificar a participação dos não controladores nos ativos líquidos das controladas consolidadas, separadamente da parte pertencente à controladora. A participação dos não controladores nos ativos líquidos é composta" (CPC 36, §18 (c)):
  - do montante da participação dos não controladores na data da combinação inicial, pelo valor justo do valor da sua participação ou pela sua participação no valor justo dos ativos líquidos identificáveis da adquirida (maiores detalhes adiante, neste capítulo, sob o título "Participação dos controladores e dos não controladores nas demonstrações contábeis consolidadas envolvendo o valor justo dos ativos líquidos";
  - "da participação dos não controladores nas variações patrimoniais das controladas consolidadas desde a data da combinação".

Os saldos das contas patrimoniais e das receitas e despesas entre as entidades do grupo econômico devem ser eliminados.

Incluem-se nessas eliminações os resultados gerados das transações entre as entidades do grupo econômico que estiverem reconhecidos nos ativos, tais como lucros não realizados na venda de estoque ou imobilizado. As perdas decorrentes das transações entre as entidades do grupo econômico podem indicar redução no valor recuperável dos ativos correspondentes, precisando, portanto, ser reconhecidas nas demonstrações contábeis consolidadas. Os impostos e contribuições decorrentes dos resultados não realizados, provenientes das transações entre as entidades do grupo econômico, devem ser reconhecidos no ativo ou passivo como tributos diferidos, conforme definido no CPC 32 (Tributos sobre o lucro).

É necessário que a data base das demonstrações contábeis da controladora e das controladas seja a mesma. Caso contrário, as controladas deverão elaborar, para fins de consolidação, demonstrações contábeis adicionais, na mesma data das demonstrações da controladora, a menos que isso seja impraticável. Nesse caso, dever-se-á proceder aos ajustes relacionados aos eventos ou transações relevantes que tenham ocorrido entre aquela data e a data das demonstrações contábeis da controladora. Note-se que a defasagem máxima permitida entre as datas de encerramento das demonstrações da controlada e da controladora é de dois meses.

A duração dos períodos abrangidos nas demonstrações contábeis e qualquer diferença entre as respectivas datas de encerramento devem ser iguais de um período para o outro.

As políticas contábeis deverão ser uniformes para transações e outros eventos iguais, em circunstâncias similares. O §25 do CPC 36 (Demonstrações consolidadas) determina:

> Se uma entidade do grupo econômico utiliza políticas contábeis diferentes daquelas adotadas nas demonstrações contábeis consolidadas para transações e eventos de mesma natureza, em circunstâncias semelhantes, são necessários ajustes para

adequar as demonstrações contábeis dessa entidade quando da elaboração das demonstrações contábeis consolidadas.

Caso a controladora adquira o controle da controlada durante o período contábil objeto da consolidação,

as receitas e despesas da controlada são incluídas nas demonstrações contábeis consolidadas, a partir da data da sua aquisição [...] As receitas e despesas da controlada devem estar baseadas nos valores dos ativos e passivos reconhecidos na posição consolidada da controladora na data da aquisição. [...] As receitas e despesas de uma controlada são incluídas nas demonstrações contábeis consolidadas até a data em que a controladora perder o controle sobre essa controlada [CPC 36, §26].

A participação dos não controladores deve ser destacada dentro do patrimônio líquido consolidado, como determina o §27 do CPC 36.

É fortemente recomendável que as empresas a serem consolidadas utilizem um plano de contas contábil padrão, o que facilitará, sobremaneira, a consecução da consolidação das demonstrações contábeis.

É necessária a existência de controles para acompanhar todos os tipos de transações contábeis e extracontábeis entre as empresas do grupo, a fim de se analisar e eliminar todas as questões comuns, como: possuir controles das transações entre controladoras e controladas, dos saldos intercompanhias; fazer a conciliação contínua das contas intercompanhias e ajuste no momento da consolidação; manter plano de contas padronizado e procedimentos comuns de contabilização. Tais procedimentos facilitarão o estudo a ser desenvolvido no papel de trabalho (tabela 24) a ser montado para relacionar, lado a lado, todos os elementos patrimoniais e de resultado das empresas do grupo.

Tabela 24
PAPEL DE TRABALHO DE CONSOLIDAÇÃO

Componentes	Empresas			Somatório	Ajustes		Consolidado
	1	2	3		D	C	
Ativo							
Caixa e bancos							
Estoques							
Etc.							
Total do ativo							
Passivo							
Fornecedores							
Salários e encargos sociais							
Tributos a pagar							
Etc.							
Total do passivo							
Patrimônio líquido							
Capital social							
Reservas de capital							
Etc.							
Total do patrimônio líquido							
Total do passivo							
Receitas operacionais							
Custo das vendas							
Lucro bruto							
Etc.							
Despesas operacionais							
Despesas administrativas							
Despesas financeiras							
Impostos e taxas							
Etc.							
Lucro líquido (prejuízo)							

Na coluna de ajustes, o objetivo é eliminar todos os saldos de transações comuns entre a controladora e as controladas, como:

- participações recíprocas;
- débitos e créditos entre controladoras e controladas;
- lucros não realizados de transações entre controladora e controladas que constem no resultado do exercício ou nos resultados acumulados;
- lucros ou prejuízos acumulados;
- custos dos estoques ou do ativo imobilizado.

O assunto "lucros não realizados" será comentado neste capítulo e ilustrado através de exemplos.

Na sequência, procederemos à apresentação de casos que evidenciam os procedimentos para a consolidação.

Os exemplos 1 e 2, a seguir, por serem exemplos introdutórios neste capítulo, consideram que o patrimônio líquido da empresa controlada (empresa BB01) não apresenta diferenças entre o valor contábil e o valor justo.

Exemplo 1 — Participação societária igual a 100%

Ao se analisar o papel de trabalho, observa-se que a coluna do somatório não corresponde à do consolidado. Será necessário verificar todos os componentes e destacar aqueles que são comuns entre controladora e controlada, a fim de eliminar as reciprocidades entre as entidades, mediante lançamentos de ajustes pró-forma.

Observamos, nas demonstrações, que a controladora é titular de direitos a receber da controlada (adiantamento para futuro aumento de capital social — AFAC) no valor de $ 300; consequentemente, a controlada deve esse montante à controladora, o que caracteriza um saldo intercompanhias. Percebemos, também, que a controlada é uma subsidiária integral. Afinal, a controladora é titular de 100% da controlada; consequentemente, a Cia. AA01 (controladora) tem participação em BB01 avaliada em $ 1.150, que corresponde a 100% do patrimônio líquido de BB01, que é de $ 1.150.

Tabela 25
PAPEL DE TRABALHO DE CONSOLIDAÇÃO — AA01 E BB01 ($)

Componentes	Controladora AA01	Controlada BB01	Somatório	Ajuste D	Ajuste C	Consolidado
Ativo						
Circulante	4.130	960	5.090	—	—	5.090
Não circulante						
Adiantamento para futuro aumento de capital (AFAC) BB01	300	—	300		300 (1)	—
Investimentos						
Participação em BB01	1.150	—	1.150		1.150 (2)	—
Imobilizado						
Máquinas e equipamentos	2.100	570	2.670			2.670
Total	7.680	1.530	9.210	—	—	7.760
Passivo						
Circulante						
Fornecedores	1.360	80	1.440			1.440
Patrimônio líquido						
Capital	5.800	1.000	6.800	1.000 (2)	—	5.800
Reservas	520	150	670	150 (2)	—	520
AFAC- AA01	—	300	300	300 (1)	—	—
Total	7.680	1.530	9.210	1.450	1.450	7.760

Analisando a coluna dos ajustes, temos os seguintes lançamentos:

❑ para eliminar créditos e débitos recíprocos:

Débito (1)	Contas a pagar AA01	$ 300
Crédito (2)	AFAC em BB01	$ 300

❑ para eliminar a participação da controladora no patrimônio líquido da controlada:

Débito (2)	Capital social	$ 1.000
Débito (2)	Reservas	$ 150
Crédito (2)	Participação BB01	$ 1.150

Tabela 26
DEMONSTRAÇÃO DA POSIÇÃO FINANCEIRA CONSOLIDADA — GRUPO AA01

	Consolidado ($)
Ativo	
Circulante	5.090
Realizável a longo prazo	
Créditos BB01	—
Permanente	
Investimento	
Participação em BB01	—
Imobilizado	
Máquinas e equipamentos	2.670
Total	**7.760**
Passivo + patrimônio líquido	
Circulante	
Fornecedores	1.440
Patrimônio líquido	
Capital social	5.800
AFAC AA01	—
Reservas	520
Total	**7.760**

Exceto quanto à participação dos não controladores, vimos que o patrimônio líquido da demonstração consolidada corresponde exatamente ao patrimônio líquido da controladora. Essa igualdade é consequência da premissa informada na introdução do exemplo, de que não há diferença entre o patrimônio líquido da controlada e o valor justo dos seus ativos líquidos.

Exemplo 2 — Participação societária menor que 100%

Considerando o exemplo 1, suponhamos que a controladora detenha 90% de participação no capital social da controlada BB01, e que os 10% restantes pertençam a outros investidores (acionistas não controladores). Neste exemplo, as únicas alterações nos saldos apresentados nos balanços patrimoniais individuais foram realizadas no balanço da controladora, especificamente nas contas "ativo circulante" e "participação em BB01". Diante dos fatos teremos a estrutura patrimonial ilustrada na tabela 27.

Tabela 27
PAPEL DE TRABALHO DE CONSOLIDAÇÃO — AA01 E BB01 ($)
(PARTICIPAÇÃO MENOR QUE 100%)

Componentes	Controladora AA01	Controlada BB01	Somatório	Ajuste D	Ajuste C	Consolidado
Ativo						
Circulante	4.245	960	5.205	—	—	5.205
Não circulante						
AFAC BB01	300	—	300		300 (1)	—
Investimento						
Participação em BB01	1.035	—	1.035		1.035 (2)	—
Imobilizado						
Máquinas e equipamentos	2.100	570	2.670			2.670

continua

Componentes	Controladora AA01	Controlada BB01	Somatório	Ajuste D	Ajuste C	Consolidado
Total	7.680	1.530	9.210	—	—	7.875
Passivo Circulante						
Fornecedores	1.360	80	1.440			1.440
Patrimônio líquido						
Capital social	5.800	1.000	6.800	100 (3) 900 (2)	—	5.800
Reservas	520	150	670	15 (3) 135 (2)	—	520
AFAC AA01	—	300	300	300 (1)	—	—
PL atribuído aos acionistas da controladora						6.320
PL atribuído aos acionistas não controladores					115 (3)	115
Patrimônio líquido do consolidado						6.435
Total	7.680	1.530	9.210	1.450	1.450	7.875

Analisando a coluna dos ajustes, temos os seguintes lançamentos:

❏ Para eliminar débitos e créditos recíprocos:

Débito (1)	Contas a pagar AA01	$ 300
Crédito (1)	AFAC em BB01	$ 300

❏ Para eliminar a participação da controladora no patrimônio líquido da controlada:

Débito (2)	Capital social	$ 900
Débito (2)	Reservas	$ 135
Crédito (2)	Participação BB01	$ 1.035

❏ Para eliminar o patrimônio e constituir a participação dos acionistas não controladores:

Débito (3)	Capital social	$ 100
Débito (3)	Reservas	$ 15
Crédito 3)	Participação de acionistas não controladores	$ 115

Na demonstração consolidada, a participação dos acionistas não controladores será representada de forma destacada dentro do patrimônio líquido. Desta forma, o patrimônio líquido consolidado demonstrará o valor que realmente pertence aos acionistas da controladora e, ao mesmo tempo, demonstrará, de forma destacada, a parte que pertence aos minoritários.

Se a controladora não for detentora da maioria das ações, não será majoritária, mas, apesar disso, o tratamento a ser adotado será o mesmo, desde que a controladora detenha o controle efetivo. A parcela do patrimônio líquido da controladora pertencente aos acionistas majoritários não controladores terá o mesmo tratamento apresentado nesta seção; daí por que o nome adequado é "participação dos acionistas não controladores", embora alguns autores e algumas empresas denominem "participação de minoritários", o que nem sempre condiz com a verdade.

O leitor deve estar se perguntando: "Como poderia uma empresa (controladora — AA01) deter o controle efetivo de outra empresa (controlada — BB01) sem ser a acionista majoritária?". É simples. Imagine que o capital social da empresa controlada (BB01) seja composto por 100 ações, sendo 50 com direito a voto e 50 sem direito a voto; e que a controladora seja titular de, somente, 30 ações com direito a voto. Nesse caso, a empresa controladora (AA01) tem uma participação total de 30% do patrimônio líquido da empresa BB01, mas a controla efetivamente, pois, com 30 das 50 ações com direito a voto, detém 60% do capital votante, o que lhe assegura a preponderância nas deliberações sociais e o poder de eleger a maioria dos administradores da entidade (BB01). Portanto, não seria adequado denominar a participação dos acionistas não controladores de "participação de minoritários", afinal, eles têm 70% de participação na entidade BB01.

Tabela 28
**DEMONSTRAÇÃO DA POSIÇÃO FINANCEIRA CONSOLIDADA — GRUPO AA01
(PARTICIPAÇÃO MENOR QUE 100%)**

	Consolidado ($)
Ativo	
Circulante	5.205
Não circulante	
AFAC BB01	—
Investimento	
Participação em BB01	—
Imobilizado	
Máquinas e equipamentos	2.670
Total	**7.875**
Passivo	
Circulante	
Fornecedores	1.440
Patrimônio líquido	
Capital social	5.800
Reservas	520
AFAC AA01	—
PL atribuído aos acionistas da controladora	6.320
Participação dos acionistas não controladores	115
Patrimônio líquido do consolidado	6.435
Total	**7.875**

Percebe-se que, mesmo sendo a participação da controladora (AA01) no capital social da controlada (BB01) menor que 100%, o patrimônio líquido da controladora ($ 6.320) diferencia-se do patrimônio líquido consolidado ($ 6.320 + $ 115 = $ 6.435) somente pela necessidade de demonstrar, de forma destacada dentro do patrimônio líquido consolidado, a parte pertencente aos acionistas não controladores ($ 115). Essa igualdade é consequência da premissa, informada na introdução do exemplo, de que não há diferença entre o patrimônio líquido da controlada e o valor justo dos seus ativos líquidos.

Exemplo 3 — Lucros não realizados nos estoques

Consideremos uma nova situação, que tem por objetivo demonstrar procedimentos a serem adotados com relação aos lucros existentes nos estoques. Tal fato decorre das operações de compra e venda entre a controladora e suas controladas. Como já verificado, será necessário somar o saldo do estoque da controladora com o das controladas e deduzir a parcela dos lucros não realizados, pelo fato de os estoques não terem sido transacionados com terceiros. O montante dos lucros não realizados nos estoques poderá ser determinado com base na estimativa da margem de lucro bruto, a qual poderá ser obtida através dos controles da contabilidade ou da demonstração de resultados das empresas.

A Cia. PP001 (controladora) participa com 100% do capital social da Cia. SS001 (controlada). Durante o ano em curso, a Cia. SS001 (controlada) realizou vendas para a controladora (PP001) no montante de $ 300, com uma margem de lucro bruto da ordem de 16,67%. A venda foi à vista e não houve ainda realização dos estoques pela controladora, ou seja, a controladora ainda não negociou esses estoques com terceiros.

As demonstrações contábeis das companhias são vistas na tabela 29.

Tabela 29
DEMONSTRAÇÃO DA POSIÇÃO FINANCEIRA — CIA. PP001
(CONTROLADORA)

Balanço patrimonial			
Ativo ($)		Passivo + patrimônio líquido ($)	
Circulante	13.300		
		Patrimônio líquido	15.750
Créditos	10.000		
Estoques	3.300	Capital social	12.300
Não circulante		Lucros acumulados	3.450
Investimentos	2.450		
Participação na Cia. SS001	2.450		
Total	15.750	Total	15.750

Tabela 30
DEMONSTRAÇÃO DO DESEMPENHO FINANCEIRO ($)
CIA. PP001 (CONTROLADORA)

Demonstração do resultado ($)	
Vendas	9.000
(−) Custos	(5.000)
(−) Despesas	(1.000)
(+) Resultado da equivalência patrimonial	450
(=) Lucro	**3.450**

Tabela 31
DEMONSTRAÇÃO DA POSIÇÃO FINANCEIRA
CIA. SS001 (CONTROLADA)

Balanço patrimonial			
Ativo ($)		Passivo + patrimônio líquido ($)	
Ativo circulante	2.500	Patrimônio líquido	2.500
Créditos	2.500	Capital social	2.000
		Lucros acumulados	500
Total	2.500	Total	2.500

Tabela 32
DEMONSTRAÇÃO DO DESEMPENHO FINANCEIRO
CIA. SS001 (CONTROLADA)

Demonstração do resultado ($)	
Vendas	1.300
(−) Custos	(600)
(−) Despesas	(200)
(=) Lucro	500

Tabela 33
CÁLCULO DOS LUCROS NÃO REALIZADOS NOS ESTOQUES

Cálculo do lucro nos estoques	
Valor do estoque no ativo da controladora — PP001	$ 300
(×) Margem de lucro (*) da controlada SS001 nas vendas para a controladora PP001	16,67% (*)
(=) Lucro não realizado incluído nos estoques da controladora PP001	$ 50

(*) Margem de lucro = (receita líquida menos custo das vendas) dividido por receita líquida = 16,67%

Tabela 34
CONSOLIDAÇÃO DA DEMONSTRAÇÃO DA POSIÇÃO FINANCEIRA ($)

Componentes	Controladora PP001	Controlada SS001	Somatório	Ajuste D	Ajuste C	Consolidado
Ativo						
Créditos	10.000	2.500	12.500	—	—	12.500
Estoques	3.300	—	3.300	—	50 (2)	3.250
Participação na Cia. SS001	2.450	—	2.450		2.000 (1) 450 (2)	—
Total	15.750	2.500	18.250	—	—	15.750
Passivo						
PL						
Capital social	12.300	2.000	14.300	2.000 (1)	—	12.300
Lucro	3.450	500	3.950	500 (2)	—	3.450
Total	15.750	2.500	18.250	—	—	15.750

Tabela 35
CONSOLIDAÇÃO DA DEMONSTRAÇÃO DO DESEMPENHO FINANCEIRO ($)

Componentes	Controladora PP001	Controlada SS001	Somatório	Ajuste D	Ajuste C	Consolidado
Vendas	9.000	1.300	10.300	300 (1)		10.000
(–) Custos	(5.000)	(600)	(5.600)		250 (1)	(5.350)
(–) Despesas	(1.000)	(200)	(1.200)			(1.200)
(+) REP	450	—	450	450 (2)		—
(=) Lucro	3.450	500	3.950	750	250	3.450

Eliminação do lucro no estoque:

Débito (1)	Vendas	$ 300
Crédito (1)	Estoque	$ 50
Crédito (1)	Custos	$ 250

Eliminação da equivalência patrimonial:

| Débito (2) | Receita de equivalência patrimonial | $ 450 |
| Crédito (2) | Participação na Cia. SS001 | $ 450 |

Eliminação da participação societária:

| Débito (3) | Capital social | $ 2.000 |
| Crédito (3) | Participação na Cia. SS001 | $ 2.000 |

Demonstrações consolidadas nas tabelas 36 e 37.

Tabela 36
DEMONSTRAÇÃO CONSOLIDADA DA POSIÇÃO FINANCEIRA

Ativo circulante ($)		Patrimônio líquido ($)	
Créditos	12.500	Capital social	12.300
Estoque	3.250	Lucro	3.450
Total	15.750	Total	15.750

Tabela 37
DEMONSTRAÇÃO CONSOLIDADA
DO DESEMPENHO FINANCEIRO

	$
Vendas	10.000
(−) Custos	(5.350)
(−) Despesas	(1.200)
(=) Lucro	3.450

Analisando-se o consolidado, verifica-se a exclusão do lucro do estoque e o efeito na demonstração do resultado, assim como a eliminação do resultado positivo de participação societária. Observa-se, também, que a demonstração do resultado evidencia somente as operações com entidades estranhas ao grupo, eliminando-se valores recíprocos de receitas e de despesas, levando-se em consideração os ajustes de ativos e passivos. É importante verificar que o lucro do consolidado é igual ao lucro da controladora, o que constitui uma regra geral. Diferenças entre esses resultados devem ser evidenciadas nas demonstrações contábeis.

Para exemplo adicional sobre lucros não realizados em estoques, ver seção "Exemplo de lucros não realizados de venda da controladora para a controlada (*downstream*)" deste capítulo.

Exemplo 4 — Lucros não realizados no ativo imobilizado

Tais lucros devem ser tratados isoladamente devido às seguintes peculiaridades:

❏ o ativo possuir caráter permanente;
❏ o lucro ser incluído na base de depreciação do imobilizado.

Na transação, deve ser determinado o lucro na operação. Este lucro terá idêntico tratamento ao dos estoques. É importante manter-se um controle contábil permanente para cada transação, com o objetivo de se eliminar, nos exercícios subsequentes, as parcelas dos lucros não realizados e respectiva depreciação.

Podemos desenvolver um exemplo entre duas companhias de um mesmo grupo que participam da consolidação patrimonial. A Cia. Alfa vende seu veículo para a Cia. Brava por $ 16.000 à vista. Os balanços patrimoniais antes da operação estavam assim representados:

Tabela 38
DEMONSTRAÇÕES DA POSIÇÃO FINANCEIRA ANTES DA CONSOLIDAÇÃO

Balanços patrimoniais (30-11-20X6)		
Ativo	Cia. Alfa ($)	Cia. Brava ($)
Circulante	6.000	25.000
Disponibilidades	6.000	25.000
Permanente		
Investimento em Brava	10.000	
Imobilizado	14.000	
Veículos	14.000	
Total do ativo	30.000	25.000
Passivo + patrimônio líquido		
Circulante	8.000	12.000
Patrimônio líquido		
Capital social	22.000	13.000
Total do passivo + PL	30.000	25.000

A operação é contabilizada pelas companhias da seguinte forma:

	Cia. Alfa	($)
Débito	Disponibilidade	16.000
Crédito	Veículos	14.000
Crédito	Ganho na alienação do veículo	2.000

	Cia. Brava	($)
Débito	Veículos	16.000
Crédito	Disponibilidade	16.000

O lucro gerado pela transação deve ser eliminado na consolidação por se tratar de lucro não realizado intercompanhias, e o valor da conta veículos do balanço consolidado será de

$ 14.000. Observe os balanços patrimoniais consolidados em 31-12-20X6.

Tabela 39
CONSOLIDAÇÃO DAS DEMONSTRAÇÕES DA POSIÇÃO FINANCEIRA ($)

Balanços patrimoniais (31-12-20X6) Ativo	Cia. Alfa	Cia. Brava	Eliminações Débito	Crédito	Consolidado
Circulante	22.000	9.000			31.000
Disponibilidades	22.000	9.000			31.000
Permanente					
Investimento em Brava	10.000			10.000	
Imobilizado	—				
Veículos	—	16.000		2.000	14.000
Total do ativo	32.000	25.000			45.000
Passivo + patrimônio líquido					
Circulante	8.000	12.000			20.000
Patrimônio líquido					
Capital social	22.000	13.000	13.000		22.000
Lucro	2.000		2.000		
Participação dos não controladores				3.000	3.000
Total do passivo + PL	32.000	25.000			45.000

Na consolidação da demonstração das mutações do patrimônio líquido, exceto quanto à inclusão da rubrica de participação dos não controladores no patrimônio líquido consolidado, como regra geral não há outras diferenças entre o patrimônio líquido consolidado e o patrimônio líquido da controladora.

Casos em que não há coincidência entre o PL e o LL da controladora e o consolidado

Em todos os exemplos apresentados neste capítulo há coincidência entre o patrimônio líquido da controladora e o patrimônio líquido consolidado. Entretanto, é necessário ressaltar os casos nos quais não há coincidência entre o lucro líquido ou o patrimônio líquido da controladora e o consolidado:

❏ quando há lucros não realizados de venda (ou prestação de serviços) da controladora para suas controladas. Isso não afeta o cálculo da equivalência patrimonial, mas afeta a demonstração de resultado e o balanço patrimonial consolidados;

❏ quando a controlada apura passivo a descoberto e a controladora se limita a reconhecer a despesa de equivalência patrimonial até zerar o valor do respectivo investimento, ou seja, a controladora não reconhece a provisão para passivo a descoberto;

❏ quando há diferença entre o valor contábil do patrimônio líquido da controlada e o valor justo de seus ativos líquidos.

Ressalte-se que essa lista não é exaustiva, mas exemplificativa das causas mais recorrentes de diferenças entre os valores do lucro líquido ou do patrimônio líquido da controladora em relação aos do consolidado.

Para facilitar o entendimento dessas diferenças, vejamos três situações que partem de um mesmo exemplo. Digamos que a Cia. ORA participe na Cia. IDA com 90% de suas ações, cujo capital social é composto exclusivamente por ações ordinárias. Admitamos que as duas entidades apurem as demonstrações da posição financeira a seguir, em 1-1-20X0 (tabela 40).

Tabela 40
DEMONSTRAÇÕES DA POSIÇÃO FINANCEIRA EM 1-1-20X0 ($)

Balanço patrimonial (1-1-20X0)	ORA	IDA	Consolidado
Caixa	100	10	110
Estoque	50	–	50
AC	150	10	160
Terrenos	–	40	40
Ações da Cia. IDA	45	–	–
AP	45	40	40
Ativo	195	50	200
Capital social	195	50	195
Participação de acionistas não controladores	–	–	5
PL	195	50	200
Passivo + PL	195	50	200

Veja que o investimento registrado na ORA equivale a 90% × $ 50 = $ 45.

Exemplo de lucros não realizados de venda da controladora para a controlada (downstream)

Durante o ano de 20X0, a Cia. ORA vendeu todo o seu estoque para a Cia. IDA por $ 200. Durante o mesmo período, a Cia. IDA simplesmente auferiu receitas de prestação de serviços para terceiros (empresas fora do grupo) no valor de $ 10, e não negociou o estoque adquirido da Cia. ORA.

Consequentemente, as seguintes demonstrações do resultado do exercício foram apuradas, em 31-12-20X0 (tabela 41).

Tabela 41
CONSOLIDAÇÃO DAS DEMONSTRAÇÕES DO DESEMPENHO FINANCEIRO ($)

DRE (31-12-20X0)	ORA	IDA	Consolidado
Receita de vendas e serviços	200	10	10
(–) CMV	(50)	–	–
(+) Resultado de equivalência patrimonial	9	–	–
(–) Participação de acionistas não controladores	–	–	(1)
Lucro	**159**	**10**	**9**

A ORA registra um lucro na venda dos estoques para a IDA, no valor de $ 150 ($ 200 – $ 50), considerado-o, portanto, como lucro não realizado, haja vista que a IDA não negociou esses estoques para terceiros. Note, ainda, que a equivalência registrada na ORA resulta da sua participação no capital social da IDA aplicada sobre o lucro da controlada: 90% × $ 10 = $ 9.

Então, os balanços patrimoniais seguintes foram apurados em 31-12-20X0 (tabela 42).

Tabela 42
CONSOLIDAÇÃO DAS DEMONSTRAÇÕES DA POSIÇÃO FINANCEIRA ($)

Balanço patrimonial (31-12-20X0)	ORA	IDA	Consolidado
Caixa	100	20	120
Clientes	200	–	–
Estoque	–	200	50
AC	**300**	**220**	**170**
Terrenos	–	40	40
Ações da Cia. IDA	54	–	–
AP	**54**	**40**	**40**
Ativo	**354**	**260**	**210**
Fornecedores	–	200	–

continua

Balanço patrimonial (31-12-20X0)	ORA	IDA	Consolidado
PC			
Capital social	195	50	195
Lucros acumulados	159	10	9
Participação de acionistas não controladores			6
PL	354	60	210
Passivo + PL	354	260	210

A conta estoque, no balanço consolidado, foi reduzida em $ 150, passando de $ 200 para $ 50. Este ajuste, conforme evidenciado na tabela 42, se refere ao lucro não realizado na venda de estoques da ORA para a IDA.

O patrimônio líquido do consolidado é composto como segue:

Tabela 43
COMPOSIÇÃO DO PATRIMÔNIO LÍQUIDO CONSOLIDADO

	$
Patrimônio líquido no balanço individual da ORA	354
Eliminação do lucro não realizado (LNR) na venda dos estoques	(150)
Patrimônio líquido da ORA deduzido do LNR	204
Patrimônio líquido da IDA pertencente aos acionistas não controladores	6
Patrimônio líquido do balanço consolidado	210

Por este exemplo, pode-se perceber que a existência de lucros não realizados em transações de "cima para baixo" (*downstream* — da controladora para a controlada) gera diferenças no lucro líquido e no patrimônio líquido consolidado em relação aos saldos apresentados nas demonstrações individuais da controladora.

Exemplo de controladora para a controlada com passivo a descoberto

Veja exemplo de controlada com passivo a descoberto, sem que a controladora reconheça a provisão.

Durante o ano de 20X0, a Cia. ORA realizou transações exclusivamente com terceiros, auferindo receitas no valor de $ 80 e despesas no valor de $ 20. Durante o mesmo período, a Cia. IDA também só realizou transações com terceiros, auferindo receitas no valor de $ 10 e incorrendo em despesas no valor de $ 100.

Consequentemente, as seguintes demonstrações do resultado do exercício foram apuradas, em 31-12-20X0 (tabela 44).

Tabela 44
CONSOLIDAÇÃO DAS DEMONSTRAÇÕES
DO DESEMPENHO FINANCEIRO ($)

DRE (31-12-20X0)	ORA	IDA	Consolidado
Receita de vendas e serviços	80	10	90
(–) CMV	–	–	–
(–) Despesas	(20)	(100)	(120)
(–) Resultado de equivalência patrimonial	(45)	–	–
(+) Participação de acionistas não controladores	–	–	9
Lucro (prejuízo)	15	(90)	(21)

Sobre o cálculo da equivalência patrimonial de controladas com passivo a descoberto, o tratamento a ser aplicado é demonstrado no CPC 18 (Investimento em coligada e controlada), que determina o reconhecimento da despesa de equivalência patrimonial até zerar o valor do respectivo investimento registrado no balanço individual da controladora. Excepcionalmente, se a controladora se responsabilizar pela continuidade das atividades operacionais de sua controlada, assumindo, consequentemente, a liquidação dos passivos, deverá reconhecer a provisão para perda (provisão para passivo a descoberto) no passivo.

Considerando neste exemplo que a Cia. ORA não se responsabiliza pelas dívidas de sua controlada, Cia. IDA, não é adequado reconhecer a provisão para perda, bastando, portanto, reconhecer a despesa de equivalência patrimonial no valor de $ 45, para zerar o saldo do investimento.

Então, os seguintes balanços patrimoniais foram apurados em 31-12-20X0 (tabela 45).

Tabela 45
CONSOLIDAÇÃO DAS DEMONSTRAÇÕES DA POSIÇÃO FINANCEIRA ($)

BP (31-12-20X0)	ORA	IDA	Consolidado
Caixa	160	20	180
Estoque	50	–	50
AC	210	20	230
Terrenos	–	40	40
Ações da Cia. IDA	–	–	–
AP	–	40	40
Ativo	210	60	270
Contas a pagar	–	100	100
PC	–	100	100
Capital social	195	50	195
Lucros (prejuízos) acumulados	15	(90)	(21)
Participação de acionistas não controladores			(4)
PL	210	(40)	170
Passivo + PL	210	60	270

Por este exemplo pode-se perceber que, se a controladora não reconhecer provisão para passivo a descoberto relativamente às controladas que apresentam patrimônio líquido negativo (passivo a descoberto), haverá diferenças no lucro líquido e no patrimônio líquido consolidado em relação aos valores apresentados pela controladora.

Participação dos controladores e dos não controladores nas demonstrações consolidadas envolvendo o valor justo dos ativos líquidos

De acordo com o §19 do CPC 15 (Combinação de negócios), a participação dos não controladores, na data da combinação de negócios (obtenção do controle da controlada) pode ser mensurada por dois critérios. O primeiro é pelo valor justo dessa participação. Nesse caso, a diferença positiva entre o valor justo da participação dos não controladores e o montante correspondente à parte deles no valor justo dos ativos líquidos da adquirida, na data da combinação, constitui a parte do *goodwill* atribuída aos não controladores. Portanto, quando da consolidação, esse valor (*goodwill* atribuível aos não controladores) deverá ser adicionado à linha do *goodwill* atribuível à controladora, a crédito da participação dos não controladores no patrimônio líquido consolidado. Entretanto, esse registro só é encorajado se a participação dos acionistas não controladores puder ter seu valor justo mensurado por preços de mercado em um mercado ativo ou determinável por outras metodologias de avaliação do valor intrínseco dessa participação. A diferença entre o valor justo dessa participação dos sócios não controladores e a parte proporcional desses sócios no valor justo dos ativos e passivos identificáveis da adquirida é registrada como complemento ao ágio (*goodwill*) dessa operação, cujo saldo passa a representar o ágio total da combinação. Esse registro da participação dos acionistas não controladores pelo valor justo (valor de mercado, nesse caso) se dá apenas na data da combinação de negócios. Daí por diante esse ajuste à conta de ágio (*goodwill*) sofrerá o teste de *impairment* (veja o CPC 01) a ser registrado diretamente contra a participação dos não controladores. As outras mutações da participação dos não controladores se dão pelas mutações do patrimônio líquido da controlada.

Ainda, de acordo com a orientação da ICPC 09, somente quando a participação dos não controladores é avaliada ao valor justo é que se tem o ágio por expectativa de rentabilidade futura (*goodwill*) no balanço consolidado, representando o *goodwill* total da entidade adquirida na data da aquisição do seu controle, estando somadas nesse *goodwill* total a parte dos sócios controladores e a parte dos não controladores. Quando a participação dos não controladores não é avaliada pelo valor justo, aparece no balanço consolidado apenas o *goodwill* relativo à parte dos controladores na data da aquisição. E é de se notar também que, na ausência da avaliação da participação dos não controladores pelo valor justo, não há que se imputar aos não controladores, no balanço consolidado, *goodwill* calculado com base no valor pago pelos controladores, principalmente pela provável existência, neste, do prêmio de controle.

Portanto, a participação dos não controladores pelo valor justo somente deve ser apurada quando houver disponibilidade de preços de mercado em um mercado ativo ou, então, sejam determináveis outras metodologias de avaliação do valor intrínseco da participação dos sócios não controladores.

Exemplo 5 — Sendo possível determinar o valor justo da participação dos não controladores

Vejamos o exemplo que se segue, considerando a participação dos sócios não controladores a valor justo.

A Cia. ABC adquiriu 80% das ações do capital social da XYZ, pelo preço de $ 80.000.

Tabela 46
DEMONSTRAÇÃO DA POSIÇÃO FINANCEIRA A VALOR CONTÁBIL E A VALOR JUSTO

	Valor contábil ($)	Valor justo ($)	Diferença ($)
Disponível	1.000	1.000	—
Estoques	9.000	12.000	3.000
Imobilizado	50.000	67.000	17.000
Total	**60.000**	**80.000**	**20.000**
Fornecedores	10.000	10.000	—
Patrimônio líquido	50.000	70.000	20.000
Capital social	40.000		
Lucros acumulados	10.000		
Total	**60.000**	**80.000**	**20.000**

Assumindo que o valor justo da participação dos sócios não controladores foi avaliado em $ 16.000, temos a apuração de *goodwill* (ágio por expectativa de resultado futuro) e respectivos ajustes de consolidação ilustrados nas tabelas 47 e 48.

Tabela 47
CÁLCULO DO *GOODWILL* ATRIBUÍVEL À PARTICIPAÇÃO DOS ACIONISTAS NÃO CONTROLADORES

Sócios	Participação no capital social (%)	Valor justo da participação ($)	Valor justo dos ativos líquidos ($)	*Goodwill* ($)
Controladores	80	80.000	56.000	24.000
Não controladores	20	16.000	14.000	2.000
Total	**100**	**96.000**	**70.000**	**26.000**

Tabela 48
RECONHECIMENTO DOS AJUSTES DA CONSOLIDAÇÃO

	Débito ($)	Crédito ($)
Goodwill	26.000	
Estoques	3.000	
Imobilizado	17.000	
Capital social	40.000	
Lucros acumulados	10.000	
Participação de sócios não controladores		16.000
Investimentos		80.000
Total	**96.000**	**96.000**

Segundo o item 19 do CPC 15, a participação dos não controladores é a "parte que lhes cabe no valor justo dos ativos identificáveis líquidos da adquirida". Nesse caso, o *goodwill* calculado para a combinação, conforme já mencionado, será unicamente o próprio *goodwill* atribuído à controladora, de forma que não será reconhecido nas demonstrações consolidadas o *goodwill* atribuível aos não controladores. Todavia, considerando-se que nos registros contábeis da entidade adquirida os ativos e passivos permanecem pelos valores contábeis originais, sem que sejam refletidos os ajustes pelo valor justo apurados na combinação de negócios, a entidade adquirente deverá ter identificado a diferença entre o valor justo e o valor contábil de todos os ativos e passivos da adquirida reconhecidos na combinação para fins de controle de sua realização (por amortização, depreciação, exaustão, venda, liquidação, alteração no valor contabilizado, baixa, *impairment* ou qualquer outra mutação que venha a sofrer). Porém, no subgrupo de investimentos da controladora estará representada apenas a parcela dessa diferença que cabe a ela, controladora. Isso implica dizer que a diferença entre o valor justo e o valor contábil de cada ativo (ou passivo) da adquirida, que constitui a mais-valia de ativos, na parte atribuível aos não controladores não estará registrada no balanço individual da controladora e nem no balanço consolidado se não forem efetuados os seguintes ajustes:

- ❏ o valor representado pela diferença entre o valor justo dos ativos e passivos adquiridos e aqueles registrados na entidade adquirida pelos montantes originais precisa ser reconhecido no balanço consolidado (somente no balanço consolidado!) na sua totalidade, e não apenas proporcionalmente à participação obtida no capital social da adquirida pela controladora. A parcela acrescida por esse cálculo corresponde, em contrapartida, a ajuste na participação dos não controladores no balanço consolidado. O valor total de diferença entre os ativos e passivos adquiridos deve ser alocado diretamente aos correspondentes ativos e passivos. Posteriormente à aquisição, as parcelas realizadas (decorrentes de baixa, depreciação, amortização, exaustão, venda, *impairment*, entre outros) serão adicionadas às respectivas rubricas da demonstração do resultado e, se for o caso, aos outros resultados abrangentes;
- ❏ a diferença representada pelo ágio pago por expectativa de rentabilidade futura (*goodwill*) deve continuar sendo classificada no grupo do "intangível" nas demonstrações consolidadas, ajustado pelo *goodwill* atribuível aos não controladores somente se essa participação dos não controladores for avaliada ao valor justo.

Exemplo 6 — Não sendo possível determinar o valor justo da participação dos não controladores

A situação é a mesma do exemplo anterior, exceto pelo fato de que, neste exemplo, não é possível avaliar a participação dos sócios não controladores pelo valor justo, como ocorre na maioria das situações. Os ajustes de consolidação ficariam demonstrados conforme a tabela 49.

Tabela 49
RECONHECIMENTO DOS AJUSTES DA CONSOLIDAÇÃO

	Débito ($)	Crédito ($)
Goodwill	24.000	
Estoques	3.000	
Imobilizado	17.000	
Capital social	40.000	
Lucros acumulados	10.000	
Participação de sócios não controladores		14.000
Investimentos		80.000
Total	94.000	94.000

O *goodwill* contabilizado refere-se apenas à controladora.

Exemplo 7 – Não sendo possível determinar o valor justo da participação dos não controladores

Veja agora outro exemplo do valor justo dos ativos e passivos na consolidação, extraído da Interpretação Técnica ICPC 09.

Admitam-se os seguintes balanços, conforme abaixo, antes da aquisição do controle da Cia. B por parte da Cia. A.

Tabela 50
DEMONSTRAÇÕES DA POSIÇÃO FINANCEIRA
(ANTES DA AQUISIÇÃO)

	Cia. A ($)	Cia. B ($)
Ativos diversos	1.300	2.000
Ativo total	**1.300**	**2.000**
Passivo	–	800
Capital social	1.300	1.200
Passivo + PL	**1.300**	**2.000**

A Cia. A adquire 60% das ações da Cia. B e mensura seus ativos a valor justo por $ 2.500, os passivos por $ 800 mais uma contingência passiva avaliada em $ 200 que não fora reconhecida pela Cia. B. Por isso, o valor justo dos ativos líquidos da Cia. B é calculado em $ 1.500 ($ 1.200 de patrimônio líquido contábil + $ 500 de excedente de valores justos sobre os valores contábeis dos ativos – $ 200 da contingência não reconhecida). Em função da expectativa de rentabilidade futura, a Cia. A paga $ 1.100 por 60% das ações da Cia. B, o que caracteriza um ágio por expectativa de rentabilidade futura (*goodwill*) de $ 200 ($ 1.100 – 60% de $ 1.500). Veja a tabela 51.

Tabela 51
DEMONSTRAÇÃO DA POSIÇÃO FINANCEIRA DA CIA. B A VALOR JUSTO
E CÁLCULO DO *GOODWILL*

	Valor contábil ($)	Valor justo ($)	Diferença ($)
Ativos diversos	2.000	2.500	500
Passivos	800	1.000	200
Ativo líquido	1.200	1.500	300
Participação adquirida	60%	60%	60%
Valor adquirido		900	
Valor pago		1.100	
Goodwill		200	

O balanço individual da Cia. A passa a ser, após a aquisição e com os detalhamentos do investimento feito no balanço apenas para facilitar a visualização, como ilustrado na tabela 52.

Tabela 52
DEMONSTRAÇÃO DA POSIÇÃO FINANCEIRA — CIA. A

	Cia. A ($)	Cálculo (*)
Ativos diversos	200	$ 1.300 – $ 1.100
Investimento na Cia. B		
❏ Participação no valor contábil	720	$ 1.200 × 60%
❏ Mais-valia dos ativos líquidos identificáveis	180	($ 500 – $ 200) × 60%
❏ *Goodwill*	200	$ 1.100 – $ 720 – $ 180
Ativo total	**1.300**	
Passivo	–	
Capital social	1.300	
Passivo + PL	**1.300**	

* Detalhamento apresentado apenas para fins didáticos.

Ao fazer o balanço consolidado, o valor da participação dos não controladores da Cia. B, mensurado pelo valor contábil, corresponde, inicialmente, a 40% de $ 1.200 = $ 480. Mas a Cia. A não pode adicionar apenas os $ 180 de excedente de valor justo sobre o valor contábil dos ativos da Cia. B, já que o CPC 15 (Combinação de negócios) requer o registro dos ativos e passivos pelo seu valor justo em sua totalidade. Assim, serão acrescidos os $ 200 ao valor justo dos ativos, e também os $ 80 ao passivo contingente da Cia. B, tendo esses registros como contrapartida a participação minoritária (participação dos não controladores). Apenas o ágio (*goodwill*) não sofre esse ajuste, já que o valor desse ágio para os minoritários pode ser diferente, principalmente por não terem o prêmio pelo controle da Cia. B.

Tabela 53
Consolidação das demonstrações da posição financeira ($)

	Cia. A	Cia. B	Ajustes	Consolidado
Ativo				
Ativos diversos	200	2.000		2.200
Investimento em "B"	720		(720)	0
Mais-valia de ativos de "B"	180		(180)	0
Goodwill (ágio)	200			200
	1.100			200
Mais-valia de ativos			500	500
Total do ativo	1.300	2.000	(400)	2.900
Passivos		800		800
Contingência passiva não registrada			200	200
Total do passivo	-	800	200	1.000
Capital social	1.300	1.200	(1.200)	1.300
Não controladores — PL contábil (1)			480	480
Não controladores — mais-valia de ativos (2)			120	120
Participação de não controladores = (1) + (2)			600	600
Total do PL	1.300	1.200	600	1.900
Total do passivo + PL	1.300	2.000	(400)	2.900

Evidenciação

O §41 do CPC 36 determina que as divulgações devem ser feitas nas demonstrações contábeis da seguinte forma:

(a) a natureza da relação entre a controladora e a controlada, quando a controladora não possuir, direta ou indiretamente (por meio de suas controladas), mais da metade do poder de voto da controlada;
(b) as razões pelas quais o fato de possuir a propriedade, direta ou indireta (por meio de suas controladas), de mais da metade do poder de voto ou potencial poder de voto de controlada não detém controle;
(c) a data de encerramento do período abrangido pelas demonstrações contábeis da controlada utilizadas para elaboração das demonstrações consolidadas quando forem na data de encerramento ou um período diferente das demonstrações contábeis da controladora e o motivo para utilizar uma data ou período diferente;
(d) a natureza e a extensão de alguma restrição significativa (resultante de contratos de empréstimos ou exigência de órgãos reguladores, por exemplo) sobre a capacidade da controlada de transferir fundos para a controladora na forma de dividendos ou do pagamento de empréstimos ou adiantamentos;
(e) um quadro evidenciando cronologicamente as mudanças na relação de propriedade da controladora sobre a controlada (participação relativa) e seus efeitos, bem como a alteração do patrimônio líquido consolidado atribuível aos proprietários da controladora, mas que não resultaram na perda do controle; e
(f) qualquer ganho ou perda decorrente da perda do controle da controlada, reconhecido de acordo com o item 34, detalhando:

(i) a parte do ganho ou perda decorrente do reconhecimento, ao valor justo, do investimento remanescente na ex-controlada, se houver, na data em que o controle foi perdido; e

(ii) a linha do item ou itens na demonstração do resultado consolidado em que o ganho ou a perda foi reconhecido, no caso de ele não estar apresentado em uma linha separada na demonstração do resultado consolidado.

Segundo o IFRS *for* SMEs, a entidade deve evidenciar:

❏ o fato de que as demonstrações contábeis são consolidadas;
❏ a base de conclusão de que a investidora controla a investida quando não participar nela (direta ou indiretamente) com mais da metade do capital social com direito a voto;
❏ a base de conclusão de que a investidora não controla a investida quando participar nela (direta ou indiretamente) com mais da metade do capital social com direito a voto;
❏ a natureza e a extensão de qualquer restrição significativa na capacidade de a controlada transferir recursos para a controladora, na forma de dividendos ou amortização de empréstimos.

Comparação entre os pronunciamentos contábeis

Esta seção apresenta, de forma resumida, uma comparação dos pronunciamentos contábeis relevantes, dois a dois:

❏ comparação *full* IFRSs *versus* IFRS *for* SMEs — não há diferença significativa entre o IFRS *for* SMEs e os *full* IFRSs;
❏ comparação *full* IFRSs *versus* CPCs — não há diferença significativa entre os CPCs e os *full* IFRSs;

❑ comparação IFRS *for* SMEs *versus* CPC-PME — não há diferença significativa entre o IFRS *for* SMEs e CPC-PME.

Considerações finais

A consolidação evidencia a estrutura patrimonial e o resultado do grupo econômico, como se este fosse constituído por uma única entidade. Uma "macroentidade" contábil.

Vimos que a consolidação das demonstrações contábeis é obrigatória para os investimentos em entidades controladas. Na elaboração das demonstrações contábeis consolidadas, é necessário eliminar os saldos comuns intercompanhias (como o investimento da controladora no PL da controlada e ativos e passivos recíprocos) e os lucros não realizados.

Além da consolidação da demonstração da posição financeira (balanço patrimonial) e da demonstração do desempenho financeiro (demonstração do resultado do exercício) — as duas demonstrações contábeis mais difundidas — foram apresentados comentários às notas explicativas e a demonstração das mutações do patrimônio líquido (DMPL) consolidada.

4

Contabilização dos investimentos em controladas em conjunto

O objetivo deste capítulo é apresentar o que são empreendimentos controlados em conjunto, suas classificações (ativos, operações e entidades controlados em conjunto) e os respectivos critérios de contabilização.

Esperamos que ao final da leitura deste capítulo o leitor esteja apto a:

- ❏ entender o que vem a ser a figura do empreendedor, o significado de *controle conjunto* e de um *empreendimento controlado em conjunto*;
- ❏ compreender o que vem a ser a *consolidação proporcional* e quando deve ser aplicada;
- ❏ entender o significado de *demonstrações contábeis separadas*;
- ❏ entender a diferença entre ativos controlados em conjunto e entidade controlada em conjunto;
- ❏ apurar os saldos e contabilizar um investimento em empreendimento controlado em conjunto;
- ❏ identificar as diferenças dos requerimentos contidos nos *full* IFRSs, no IFRS *for* SMEs, nos CPCs e no CPC-PME perti-

nentes à contabilização dos investimentos em participações societárias.

Por dentro da transação

Este capítulo está baseado no pronunciamento IAS 31 — emitido originalmente pelo International Accounting Standard Committee (IASC), antecessor do International Accounting Standard Board (IASB) — relativo à contabilização das participações em empreendimentos controlados em conjunto (*interest in joint ventures*) e à evidenciação dos ativos, passivos, receitas e despesas desses empreendimentos nas demonstrações contábeis dos empreendedores e dos investidores, independentemente da estrutura ou forma sob a qual os empreendimentos controlados em conjunto são formalizados.

O IAS 31 (CPC 19) não se aplica às participações em empreendimentos controlados em conjunto mantidos por organizações de capital de risco, fundos mútuos, *trustees*, unidades fiduciárias, fundos de investimentos e entidades similares, incluindo fundos de seguro vinculados a investimentos que, por ocasião do reconhecimento inicial, tenham sido avaliados ao valor justo através do resultado.

Como define o §2 do CPC 19, um empreendedor com participação em uma entidade controlada em conjunto está dispensado da aplicação da consolidação proporcional e do método de equivalência patrimonial quando satisfeitas as seguintes condições:

❑ a participação for classificada como disponível para venda de acordo com os requisitos do IFRS 5 (Ativo não circulante mantido para venda e operação descontinuada)/CPC 31;
❑ a matriz que tenha participação em uma entidade controlada em conjunto não venha a apresentar demonstrações contábeis consolidadas, amparada pela exceção do §10 do IAS 27

(Demonstrações contábeis consolidadas e separadas)/CPCs 35 e 36;
❏ todas as condições a seguir sejam aplicáveis:

(i) o empreendedor é ele próprio uma subsidiária integral ou uma controlada de outra entidade, a qual, em conjunto com os demais acionistas ou sócios, incluindo aqueles sem direito a voto, foram consultados e não fizeram objeção quanto à não aplicação da consolidação proporcional pelo empreendedor;

(ii) os instrumentos de dívida ou patrimoniais do empreendedor não são negociados em mercado aberto (bolsas de valores domésticas ou estrangeiras ou mercado de balcão, inclusive locais e regionais);

(iii) o empreendedor não registrou e nem está em processo de registro de suas demonstrações contábeis na Comissão de Valores Mobiliários ou outro órgão regulador, visando à emissão de qualquer tipo ou classe de instrumento no mercado aberto; e

(iv) a controladora final (ou intermediária) do empreendedor disponibiliza ao público suas demonstrações contábeis consolidadas em conformidade com os Pronunciamentos Técnicos do CPC — Comitê de Pronunciamentos Contábeis [CPC 19, §2].

Definições

Algumas definições fundamentais para entendimento deste capítulo, encontradas no CPC 19, §3, são:

❏ *Empreendimento controlado em conjunto (joint venture)* é o acordo contratual em que duas ou mais partes se comprometem à realização de atividade econômica que está sujeita ao controle conjunto.

❏ *Empreendedor* é um dos participantes em determinado empreendimento controlado em conjunto que detém o controle compartilhado sobre esse empreendimento.

- *Investidor em empreendimento controlado em conjunto* é um dos participantes desse empreendimento que não compartilha do controle conjunto sobre o empreendimento.
- *Controle* é o poder de governar as políticas financeiras e operacionais da entidade de forma a obter benefício das suas atividades.
- *Controle conjunto* é o compartilhamento do controle, contratualmente estabelecido, sobre uma atividade econômica e que existe somente quando as decisões estratégicas, financeiras e operacionais relativas à atividade exigirem o consentimento unânime das partes que compartilham o controle (os empreendedores).
- *Consolidação proporcional* é o método de contabilização pelo qual a participação do empreendedor nos ativos, passivos, receitas e despesas da entidade controlada em conjunto são combinadas, linha a linha, com itens similares nas demonstrações contábeis do empreendedor, ou em linhas separadas nessas demonstrações contábeis.
- *Demonstrações separadas* são aquelas apresentadas por uma controladora, um investidor em coligada ou um empreendedor em uma entidade controlada em conjunto, nas quais os investimentos são contabilizados com base no valor do interesse direto no patrimônio (*direct equity interest*), em vez de nos resultados divulgados e nos valores contábeis dos ativos líquidos das investidas. Não se confundem com as demonstrações contábeis individuais. [Segundo o §38 do IAS 27/CPC 35 (Demonstrações separadas), quando a entidade elabora suas demonstrações contábeis separadas, ela deve contabilizar os investimentos em controladas, entidades controladas em conjunto e coligadas, por uma das seguintes alternativas: (a) ao custo ou (b) de acordo com os requisitos do CPC 38 (Investimentos financeiros: reconhecimento e mensuração)].

Portanto, de acordo com os §§4 a 6 do CPC 19,

as demonstrações contábeis elaboradas com base na consolidação proporcional ou no método de equivalência patrimonial não são demonstrações contábeis separadas, nem são demonstrações contábeis separadas aquelas da entidade que não tenha controladas, coligadas ou participações em entidades controladas em conjunto [§4].

As demonstrações contábeis separadas são aquelas apresentadas adicionalmente às demonstrações contábeis consolidadas, às demonstrações contábeis nas quais os investimentos são contabilizados pelo método de equivalência patrimonial (demonstrações individuais) e às demonstrações contábeis nas quais as participações em empreendimentos controlados em conjunto são proporcionalmente consolidadas. As demonstrações contábeis separadas podem ou não ser apresentadas juntamente com tais demonstrações [§5].

As entidades dispensadas da consolidação integral e da aplicação do método de equivalência patrimonial em conformidade, respectivamente, com o item 10 do [IAS 27] Pronunciamento Técnico CPC 36 — Demonstrações Consolidadas e com o item 13(c) do [IAS 28] Pronunciamento Técnico CPC 18 — Investimento em Coligada e em Controlada, bem como dispensadas da aplicação da consolidação proporcional pelo item 2 [do IAS 31] deste Pronunciamento, podem, se permitido legalmente, apresentar as demonstrações contábeis separadas como suas únicas demonstrações contábeis [§6].

Identificação de controle conjunto

O conjunto de pronunciamentos contábeis nos quais este capítulo está embasado (IAS 31, CPC 19 e a seção 15 do CPC-PME e IFRS *for* SMEs) precisa ser interpretado à luz da estrutura conceitual básica da contabilidade (isto é, *Framework for the preparation and presentation of financial statements*, pronunciamento conceitual básico e seção 2 do CPC-PME e IFRS *for* SMEs).

Isso quer dizer que, para se identificar se há controle conjunto, é necessário observar, entre outras variáveis, a essência econômica da transação.

Embora os conceitos de controle conjunto e de empreendimento controlado em conjunto contenham as expressões "contratualmente estabelecido" e "acordo contratual", a identificação quanto à existência de controle conjunto não deve se basear exclusivamente na forma das cláusulas contratuais de tal acordo, mas — repita-se — na essência econômica de tal acordo.

Portanto, a existência de controle conjunto não demanda que os empreendedores tenham o mesmo percentual de participação sobre o empreendimento controlado em conjunto, mas que eles definam que as decisões relevantes à governança das políticas operacionais e financeiras do empreendimento sejam compartilhadas.

Por exemplo, um determinado empreendimento controlado em conjunto pode ter três proprietários: o empreendedor A detém 40% do capital com direito a voto desse empreendimento; o empreendedor B detém 20%; e o investidor C detém 40%. Caso os empreendedores A e B firmem um acordo contratual definindo que controlarão em conjunto esse empreendimento, eles compartilharão o controle sobre o mesmo, não obstante o fato de o investidor C ter 40% de participação no capital votante (participação superior à do empreendedor B).

A melhor evidência de que o controle é compartilhado é a necessidade de unanimidade (entre os empreendedores) nas deliberações das políticas operacionais e financeiras do empreendimento.

Entretanto, não basta que o contrato defina que as decisões precisarão ser tomadas por unanimidade entre os empreendedores; mais uma vez, a essência deve prevalecer sobre a forma. Por exemplo, não obstante os termos contratuais exijam unanimidade nas decisões, caso haja evidências de que, na prática, as decisões de um empreendedor preponderam nas deliberações sociais, este empreendedor será o único controlador. Portanto, é necessário que o contador considere todas as variáveis relevantes das circunstâncias e exerça julgamentos para determinar se há, ou não, controle conjunto.

Observe que isso não é uma especificidade da contabilização dos empreendimentos controlados em conjunto. Afinal, julgamentos semelhantes são necessários para determinar se há influência significativa ou controle para fins de classificação de um investimento em participação societária como coligada ou controlada, respectivamente.

Tipos de empreendimento controlado em conjunto

De acordo com o IAS 31 (CPC 19), os empreendimentos controlados em conjunto são classificados em três classes, dependendo de suas características intrínsecas: (a) operações controladas em conjunto, (b) ativos controlados em conjunto e (c) entidades controladas em conjunto. As características a seguir são comuns a todos os empreendimentos controlados em conjunto:

- ❏ dois ou mais empreendedores estão comprometidos por um acordo contratual;
- ❏ o acordo contratual estabelece o controle conjunto.

Para que um investimento seja considerado controlado em conjunto, faz-se necessária a existência de *acordo contratual* devidamente formalizado, o qual poderá ser evidenciado através de contrato entre os investidores, atas, ou mesmo da incorporação de cláusulas no documento de constituição do empreendimento. Qualquer que seja a forma, o acordo contratual deve incluir as seguintes questões (CPC 19, §10):

(a) atividade, duração e obrigações de prestação de contas do empreendimento controlado em conjunto;
(b) designação dos membros da diretoria ou conselho de administração ou órgão equivalente do empreendimento controlado em conjunto e direitos de voto de cada empreendedor;
(c) aportes de capital de cada empreendedor; e
(d) parte de cada empreendedor na produção, nas receitas, nas despesas ou nos resultados do empreendimento.

Essas exigências garantem que nenhum empreendedor, em particular, esteja em posição de controlar isoladamente as atividades do empreendimento. O acordo contratual pode, sim, definir e delegar poderes para que um empreendedor seja o operador ou gestor do negócio, com as devidas prestações de contas aos demais empreendedores, sem governar, entretanto, as políticas financeiras e operacionais.[5]

Como definido no §8 do CPC 19,

> o controle conjunto pode ser descontinuado quando o empreendimento encontrar-se em processo de reorganização legal ou de falência, ou operar sob severas restrições de longo prazo que prejudicam sua capacidade de transferir fundos para os empreendedores. Independentemente disso, se o controle conjunto for continuado, esses eventos não são suficientes para justificar

---

[5] O que caracterizaria o empreendimento como uma controlada desse operador, e não como um empreendimento controlado em conjunto.

a não aplicação dos procedimentos contábeis determinados por este Pronunciamento [IAS 31/CPC 19].

Operações controladas em conjunto

De acordo com os §13 e 14 do CPC 19:

13. As operações de alguns empreendimentos controlados em conjunto envolvem o uso de ativos e outros recursos dos empreendedores em vez da constituição de sociedade, associação ou outra entidade, ou ainda de estrutura financeira distinta daquela dos empreendedores. Cada empreendedor utiliza seus próprios ativos e propriedades, e mantém seus próprios estoques. Ele também incorre em suas próprias despesas e passivos, e obtém seus próprios recursos financeiros, os quais representam suas próprias obrigações. As atividades do empreendimento controlado em conjunto podem ser executadas pelos empregados do empreendedor, paralelamente às suas atividades exclusivas. O acordo contratual do empreendimento controlado em conjunto normalmente estabelece os critérios pelos quais serão divididas, entre os empreendedores, as receitas de vendas dos produtos gerados em conjunto e quaisquer despesas comuns, ou seja, incorridas em conjunto, e que serão compartilhadas entre os empreendedores.
14. Um exemplo de operação controlada em conjunto é quando dois ou mais empreendedores combinam operações, recursos e competências para fabricar, comercializar e distribuir conjuntamente um produto em particular, como uma aeronave por exemplo. Cada empreendedor executa diferentes partes do processo de fabricação e arca com seus próprios custos, bem como se apropria da parte que lhe cabe nas receitas de venda da aeronave, em conformidade com o determinado no acordo contratual.

Ativos controlados em conjunto

Estabelece o CPC 19, em seus §§18 a 20:

18. Alguns empreendimentos controlados em conjunto envolvem o controle conjunto e com frequência a propriedade conjunta, pelos empreendedores, de um ou mais ativos cedidos ou adquiridos para o empreendimento e dedicados ao cumprimento dos objetivos do empreendimento controlado em conjunto. Os ativos são utilizados no empreendimento para gerar benefícios aos empreendedores e cada um recebe sua parte nos recursos gerados pelos ativos e arca com sua parte nas despesas incorridas, conforme estabelecido em acordo contratual.
19. Esse tipo de empreendimento controlado em conjunto não envolve a constituição de sociedade, associação ou outra entidade, ou ainda de estrutura financeira distinta daquela dos empreendedores. Cada empreendedor controla sua parte nos benefícios econômicos futuros por meio da participação que detém no ativo controlado em conjunto.
20. Muitas das atividades relacionadas às indústrias de extração de petróleo, gás e minerais envolvem ativos controlados em conjunto. Por exemplo: diversas companhias produtoras de petróleo podem controlar e operar conjuntamente um oleoduto. Cada empreendedor utiliza o oleoduto para transportar seu próprio produto e arca com a sua cota nas despesas de operação do oleoduto conforme estabelecido no acordo contratual do empreendimento. Outro exemplo de ativo controlado em conjunto é quando duas entidades controlam conjuntamente um imóvel e cada uma apropria-se de sua parte nas receitas de aluguel, arcando com sua parte nas despesas, em conformidade com o acordo contratual.

Entidades controladas em conjunto

A entidade controlada em conjunto é um empreendimento controlado em conjunto que envolve a constituição de uma entidade com personalidade jurídica (pouco importa sua forma societária: companhia, sociedade limitada, associação, parceria ou outra). Ela opera da mesma forma que outras entidades, exceto pelo fato de que um acordo contratual firmado entre os empreendedores estabelece o controle conjunto sobre a atividade econômica da entidade.

Como definido no §25 do CPC 19,

> a entidade controlada em conjunto controla os ativos do empreendimento controlado em conjunto, incorre em passivos e despesas e aufere receitas. Ela pode assinar contratos em seu nome e levantar fundos para financiar as atividades-fins do empreendimento controlado em conjunto. Cada empreendedor tem direito a uma parte dos lucros gerados pela entidade controlada em conjunto, embora, em algumas dessas entidades, também ocorra uma partilha da produção gerada pelo empreendimento controlado em conjunto.

Um exemplo comum de entidade controlada em conjunto é quando duas entidades (empreendedores) resolvem constituir nova entidade (entidade controlada em conjunto) mediante a transferência dos ativos e passivos relevantes para que a entidade controlada em conjunto desenvolva suas atividades. Outro exemplo, encontrado no CPC 19, §26, é quando "a entidade inicia um negócio em outro país, em conjunto com o governo ou outra agência desse país, e constitui uma entidade distinta, que é conjuntamente controlada pela entidade e pelo referido governo ou agência".

Muitas entidades controladas em conjunto são semelhantes, em essência, a operações controladas em conjunto ou ativos controlados em conjunto. "Por exemplo, os empreendedores podem transferir um ativo controlado em conjunto, tal como um oleoduto, para uma entidade controlada em conjunto, por motivos fiscais ou outras razões" (CPC 19, §27).

Define, ainda, o CPC 19, em seus §§28 e 29:

> 28. A entidade controlada em conjunto mantém seus próprios registros contábeis, elabora e apresenta suas demonstrações contábeis do mesmo modo que outras entidades, em conformidade com os Pronunciamentos Técnicos do CPC — Comitê de Pronunciamentos Contábeis.
> 29. Cada empreendedor normalmente faz aportes de capital na entidade controlada em conjunto, na forma de caixa ou outros recursos. Esses aportes são incluídos nos registros contábeis dos empreendedores e reconhecidos em suas demonstrações contábeis como investimento na entidade controlada em conjunto.

O reconhecimento contábil

Esta seção apresenta as políticas contábeis para reconhecimento de operações controladas em conjunto, ativos controlados em conjunto e entidades controladas em conjunto.

Operações controladas em conjunto

Segundo os *full* IFRSs e o IFRS *for* SMEs, em relação às participações em operações controladas em conjunto, o empreendedor deve reconhecer em suas demonstrações contábeis o que segue:

❏ os ativos por ele controlados e os passivos por ele incorridos;

❑ as despesas por ele incorridas e a sua parte na receita gerada com a venda de produtos ou serviços produzidos pelo empreendimento controlado em conjunto.

Em razão de os ativos, passivos, receitas e despesas serem reconhecidos nas demonstrações contábeis dos empreendedores, nenhum ajuste ou outro procedimento de consolidação nesses itens se faz necessário quando o empreendedor elabora suas demonstrações contábeis consolidadas.

Registros contábeis em separado para o empreendimento ou a elaboração de demonstrações contábeis do empreendimento controlado em conjunto podem não ser requeridos. Contudo, os empreendedores podem elaborar relatórios gerenciais para fins de avaliação do desempenho do empreendimento controlado em conjunto.

Ativos controlados em conjunto

Segundo os *full* IFRSs e o IFRS *for* SMEs, em relação à sua participação nos ativos controlados em conjunto, cada empreendedor inclui em sua escrituração contábil e reconhece em suas demonstrações contábeis o que segue:

(a) sua parte nos ativos controlados em conjunto, classificados de acordo com sua natureza em vez de como investimento. Por exemplo, a parte do oleoduto controlado em conjunto é classificada como ativo imobilizado;
(b) quaisquer passivos incorridos pelo empreendedor, como, por exemplo, aqueles contraídos para o financiamento de sua parte nos ativos conjuntos;
(c) sua parte em quaisquer passivos incorridos em conjunto com outros empreendedores por conta do empreendimento em conjunto;

(d) qualquer resultado proveniente da venda ou utilização de sua parte dos produtos gerados pelo empreendimento controlado em conjunto, juntamente com sua parte nas despesas incorridas pelo empreendimento;

(e) quaisquer despesas que o empreendedor tenha incorrido com relação à sua participação no empreendimento controlado em conjunto, como, por exemplo, aquelas relacionadas ao financiamento da participação de cada empreendedor nos ativos e na venda de sua parte nos produtos gerados pelo empreendimento.

Em razão de os ativos, passivos, receitas e despesas serem reconhecidos nas demonstrações contábeis dos empreendedores, nenhum ajuste ou outro procedimento de consolidação nesses itens se faz necessário quando o empreendedor elabora suas demonstrações contábeis consolidadas.

O tratamento de ativos controlados em conjunto reflete a essência e a realidade econômica e, normalmente, a forma legal do empreendimento controlado em conjunto. Registros contábeis em separado para um empreendimento controlado em conjunto podem se limitar às despesas incorridas em conjunto com os demais empreendedores, os quais arcarão com elas conforme a divisão acordada entre eles. As demonstrações contábeis podem não ser elaboradas para cada empreendimento controlado em conjunto, embora os empreendedores possam elaborar relatórios gerenciais para fins de avaliação do desempenho do empreendimento controlado em conjunto [CPC 19,§§ 22-23].

Embora não requerido, é muito importante que cada empreendedor mantenha registros contábeis em separado tanto para operações quanto para ativos controladas em conjunto, visando propiciar informações gerenciais bastante úteis sobre o retorno do investimento, rentabilidade.

Entidades controladas em conjunto

Segundo os *full* IFRSs, as entidades controladas em conjunto podem ser contabilizadas segundo dois modelos: a consolidação proporcional e o método da equivalência patrimonial. Segundo o IFRS *for* SMEs, as entidades controladas em conjunto podem ser contabilizadas segundo três modelos: valor justo, custo de aquisição e o método da equivalência patrimonial. O IFRS *for* SMEs não aceita a consolidação proporcional.

Consolidação proporcional

De acordo com o CPC 19, o empreendedor deve reconhecer seu investimento na entidade controlada em conjunto utilizando a consolidação proporcional ou, alternativamente, o método de equivalência patrimonial. "Na consolidação proporcional um dos dois formatos indicados abaixo deve ser aplicado para a evidenciação das informações" (CPC 19, §30).

Na seção "Demonstrações contábeis do empreendedor", o CPC 19 estabelece que:

31. O empreendedor reconhece sua participação na entidade controlada em conjunto utilizando um dos dois formatos de relatório para consolidação proporcional, independentemente de ele ter investimentos em controladas ou de ele descrever suas demonstrações contábeis como demonstrações contábeis consolidadas.
32. Quando do reconhecimento de uma participação na entidade controlada em conjunto, o empreendedor deve privilegiar a essência e a realidade econômica do acordo contratual, em vez de sua forma ou estrutura característica do empreendimento controlado em conjunto. Na en-

tidade controlada em conjunto, o empreendedor controla sua parte dos benefícios econômicos futuros por meio da participação nos ativos e passivos do empreendimento. A essência e a realidade econômica do acordo são refletidas nas demonstrações contábeis consolidadas do empreendedor quando este reconhece sua participação nos ativos, passivos, receitas e despesas da entidade controlada em conjunto, utilizando um dos dois formatos de consolidação proporcional descritos no item 34 [a seguir].

33. A aplicação da consolidação proporcional significa que o balanço patrimonial do empreendedor inclui sua participação nos ativos que ele controla de forma conjunta e sua parte nos passivos pelos quais ele é conjuntamente responsável. A demonstração do resultado abrangente do empreendedor inclui sua parte nas receitas e despesas da entidade controlada em conjunto. Muitos dos procedimentos pertinentes à aplicação da consolidação proporcional são similares aos procedimentos para a consolidação de investimentos em controladas, os quais estão descritos no [IAS 27] Pronunciamento Técnico CPC 36 — Demonstrações Consolidadas.

34. Diferentes formatos de evidenciação podem ser utilizados para alcançar os efeitos da consolidação proporcional. O empreendedor pode combinar sua parte em cada um dos ativos, passivos, receitas e despesas da entidade controlada em conjunto com itens similares, linha a linha, em suas demonstrações contábeis. Por exemplo, ele pode combinar sua parte no estoque da entidade controlada em conjunto com seu próprio estoque, ou sua parte no imobilizado da entidade controlada em conjunto com o seu próprio imobilizado. Alternativamente, o empreendedor pode incluir sua parte em cada um dos ativos, passivos, receitas e despesas da entidade controlada em conjunto em suas demonstrações contábeis utilizando uma linha separada. Por exemplo, ele

pode evidenciar sua parte no ativo circulante da entidade controlada em conjunto de forma separada como componente do grupo de ativos circulantes e evidenciar sua parte no imobilizado da entidade controlada em conjunto de forma separada como componente do grupo de ativos imobilizados. Os dois formatos de evidenciação resultam na evidenciação de valores idênticos para o resultado do período e cada um dos principais componentes de ativos, passivos, receitas e despesas. Ambos os formatos são aceitos para as finalidades deste Pronunciamento [do IAS 31/CPC 19].
35. Independentemente do formato utilizado para alcançar os efeitos da consolidação proporcional, é inadequado compensar quaisquer ativos ou passivos pela redução de outros passivos ou ativos ou quaisquer receitas ou despesas pela redução de outras despesas ou receitas, a menos que o direito legal de compensação exista e tal compensação represente a expectativa de realização dos ativos ou a liquidação dos passivos.

[...]

37. O empreendedor deve suspender a aplicação da consolidação proporcional a partir da data em que deixar de ter o controle compartilhado sobre a entidade controlada em conjunto. Isso pode acontecer, por exemplo, quando a participação na entidade controlada em conjunto for alienada pelo empreendedor, ou quando restrições externas forem impostas à entidade controlada em conjunto e elas implicarem a perda do controle conjunto do empreendedor sobre a entidade.

A consolidação proporcional nas demonstrações contábeis de um empreendedor deve ser feita proporcionalmente ao percentual de participação do empreendedor na entidade controlada em conjunto.

Exemplo — Consolidação proporcional
de entidade controlada em conjunto

As empresas ABC, TDA e XYZ, todas do ramo de frete marítimo, resolveram constituir uma sociedade de propósitos específicos, a Mundo Pequeno, para a exploração de atividade de frete marítimo internacional. Para tanto, assinaram um acordo contratual definindo que o controle seria conjunto, e que a TDA seria responsável pela gestão operacional, enquanto a XYZ ficaria com a gestão contábil. Foi também acordado que a ABC participaria com 40% do capital social da Mundo Pequeno, cabendo às outras duas uma participação de 30% para cada. As tabelas 54 e 55 mostram a consolidação das demonstrações financeiras das empresas.

Método de equivalência patrimonial

Como uma alternativa à consolidação proporcional acima descrita, o empreendedor pode reconhecer sua participação no empreendimento controlado em conjunto usando o método de equivalência patrimonial, conforme descrito no capítulo 2 deste livro. Ele pode fazer isso independentemente de também ter investimentos em controladas ou de denominar suas demonstrações contábeis consolidadas.

Segundo o CPC 19:

> 41. Um empreendedor deve suspender o uso do método de equivalência patrimonial a partir da data em que deixar de ter influência significativa ou o controle compartilhado sobre uma entidade controlada em conjunto.

Tabela 54
CONSOLIDAÇÃO DAS DEMONSTRAÇÕES DA POSIÇÃO FINANCEIRA ($)

	Mundo Pequeno	Participação de ABC em Mundo Pequeno: 40%	ABC (antes da consolidação proporcional)	Saldos consolidados
ATIVO				
Circulante				
– Caixa	50.000	20.000	120.000	140.000
– Contas a receber	350.000	140.000	250.000	390.000
– Estoques	200.000	80.000	1.200.000	1.280.000
	600.000	240.000	1.570.000	1.810.000
Não circulante				
– Investimentos	–	–	600.000	600.000
– Imobilizado	650.000	260.000	2.130.000	2.390.000
– Intangível	70.000	28.000	700.000	728.000
	720.000	288.000	3.430.000	3.718.000
Ativo total	**1.320.000**	**528.000**	**5.000.000**	**5.528.000**
PASSIVO				
Circulante				
– Fornecedores	100.000	40.000	600.000	640.000
– Empréstimos	250.000	100.000	400.000	500.000
– Salários e encargos	150.000	60.000	300.000	360.000
– Outros passivos	100.000	40.000	200.000	240.000
	600.000	240.000.	1.500.000	1.740.000
Não circulante				
– Financiamentos	500.000	200.000	1.500.000	1.700.000
– Tributos diferidos	120.000	48.000	600.000	648.000
	620.000	248.000	2.100.000	2.348.000
PATRIMÔNIO LÍQUIDO				
– Capital social	80.000	32.000	1.000.000	1.032.000
– Reservas de lucros	20.000	8.000	400.000	408.000
	100.000	40.000	1.400.000	1.440.000
Total passivo + PL	**1.320.000**	**528.000**	**5.000.000**	**5.528.000**

Tabela 55
CONSOLIDAÇÃO DAS DEMONSTRAÇÕES DO DESEMPENHO FINANCEIRO ($)

	Mundo Pequeno	Participação de ABC em Mundo Pequeno 40%	ABC (antes da consolidação proporcional)	Saldos consolidados
Receita de vendas	5.000.000	2.000.000	8.000.000	10.000.000
(–) Deduções de vendas	1.500.000	600.000	2.400.000	3.000.000
= Receita líquida	3.500.000	1.400.000	5.600.000	7.000.000
Custo mercadorias vendidas	1.900.000	760.000	2.600.000	3.360.000
= Lucro bruto	1.600.000	640.000	3.000.000	3.640.000
Despesas operacionais				
Gerais e administrativas	450.000	180.000	400.000	580.000
Vendas	250.000	100.000	250.000	350.000
Depreciação	150.000	60.000	350.000	410.000
Impostos e taxas	59.090	23.636	181.820	205.456
	909.090	363.640	1.181.820	1.545.456
= Lucro antes do IR/CSLL	690.910	276.364	1.818.180	2.094.544
Imposto de renda	172.727	69.091	454.545	523.636
Contribuição social	62.182	24.873	163.635	188.508
Lucro líquido	**456.000**	**182.400**	**1.200.000**	**1.382.400**

Nas demonstrações contábeis separadas do empreendedor, o investimento na entidade controlada em conjunto deve ser contabilizado em conformidade com o disposto nos §§38 a 43 do IAS 27/CPC 35 (Demonstrações separadas).

O IAS 31 (CPC 19) não exige que as entidades elaborem demonstrações contábeis separadas para evidenciação ao público.

Transações entre empreendedor e empreendimento controlado em conjunto

Independentemente da política contábil escolhida (consolidação proporcional ou método da equivalência patrimonial), o empreendedor deve eliminar os lucros não realizados. Para tanto, os critérios de reconhecimento e mensuração dos ajustes são similares àqueles estudados nos capítulos 2 e 3 deste livro.

Contabilização de investimento em empreendimento controlado em conjunto nas demonstrações contábeis do investidor

Segundo o CPC 19:

51. Um investidor em um empreendimento controlado em conjunto que não possua o controle compartilhado deve contabilizar essa participação como um instrumento financeiro de acordo com os requisitos do Pronunciamento Técnico CPC 38 — Instrumentos Financeiros: Reconhecimento e Mensuração [IFRS 9]. Se o investidor tiver influência significativa sobre o empreendimento controlado em conjunto, ele deve contabilizar essa participação em conformidade com o disposto no Pronunciamento Técnico CPC 18 — Investimento em Coligada e em Controlada [IAS 28].

Evidenciação

Em essência, as informações relativas ao empreendimento controlado em conjunto que o empreendedor deve evidenciar são muito semelhantes às informações que o investidor deve evidenciar em relação às coligadas e o controlador em relação às controladas. Adicionalmente, "o empreendedor deve evidenciar o método utilizado para reconhecer seu investimento nas entidades controladas em conjunto" (CPC 19, §57).

Comparação entre os pronunciamentos contábeis

Esta seção apresenta, de forma resumida, uma comparação dos pronunciamentos contábeis relevantes, dois a dois:

- comparação *full* IFRSs *versus* IFRS *for* SMEs — não há diferença significativa entre o IFRS *for* SMEs e os *full* IFRSs;
- comparação *full* IFRSs *versus* CPCs — não há diferença significativa entre os CPCs e os *full* IFRSs;
- comparação IFRS *for* SMEs *versus* CPC-PME — não há diferença significativa entre o IFRS *for* SMEs e CPC-PME.

Considerações finais

Atualmente não é rara a existência de empreendimentos controlados em conjunto (*joint ventures*) envolvendo cifras extremamente relevantes. Empresas mundiais, como Petróleo Brasileiro S.A. e Companhia Vale do Rio Doce, são exemplos de utilização dessa estratégia de negócios. Este capítulo procurou explicar o que é um empreendimento controlado em conjunto, a figura do empreendedor e sua importância para o gestor de uma entidade, e a classificação e o tratamento contábil desses empreendimentos.

No momento da elaboração desta edição, o IASB estava revisando o IAS 31. As principais alterações decididas pelo *board*, até então, eram:

- eliminar a taxonomia ativo controlado em conjunto;
- alterar o critério de classificação de operação e entidade controladas em conjunto;

- acabar com o tratamento contábil da consolidação proporcional;
- a política contábil independerá da classificação operação controlada em conjunto e entidade controlada em conjunto, mas será dependente dos direitos que o empreendedor tenha sobre os ativos do empreendimento controlado em conjunto e das obrigações que o empreendedor tenha sobre os passivos do empreendimento controlado em conjunto. Se o empreendedor tiver direito sobre os ativos e obrigações sobre os passivos do empreendimento controlado em conjunto, deverá reconhecer em suas demonstrações contábeis a parcela que lhe cabe dos ativos, passivos, receitas e despesas do empreendimento. Caso o empreendedor não tenha tais direitos e obrigações, mas somente direito residual sobre os ativos líquidos do empreendimento controlado em conjunto, deverá contabilizá-lo pelo método da equivalência patrimonial.

É possível que o *board* mude seu entendimento até a data de emissão da versão final do pronunciamento, mesmo porque ainda não foi realizada audiência pública da minuta do novo pronunciamento, que, provavelmente, só entrará em vigor a partir de 2013.

Conclusão

O conhecimento da contabilidade dos investimentos em participações societárias é fundamental para se analisar as demonstrações contábeis das grandes empresas, principalmente daquelas negociadas na BM&FBovespa (Bolsa de Valores, Mercadorias e Futuros) e em grande parte do mundo. Com a recente onda de fusões e aquisições entre empresas não listadas, este conhecimento também é relevante à compreensão das demonstrações contábeis de empresas de pequeno ou médio porte. É por esta razão que este livro está baseado tanto nos pronunciamentos contábeis aplicáveis às companhias listadas (*full* IFRSs e CPCs) quanto nos pronunciamentos aplicáveis às demais entidades (IFRS *for* SMEs e CPC-PME).

Esperamos que o leitor compreenda a aplicabilidade dos conceitos apresentados neste livro não só como "a contabilidade pela contabilidade", mas a contabilidade (dos investimentos em participações societárias) como uma ferramenta de sistematização das transações e dos demais eventos que afetam o desempenho e a posição financeira das entidades. Entendendo a contabilidade desta forma, será fácil perceber a sua relevância para a redução da assimetria informacional e, consequentemente, no processo decisório — principalmente em decisões relacionadas a investimentos no mercado de capitais, reestruturação societária e planejamento fiscal.

É necessário ressaltar que os órgãos emissores de normas contábeis (*standard setters*) de diversos países — desenvolvidos e em desenvolvimento — estão dedicados aos processos de convergência internacional das políticas contábeis. É provável que esse processo só esteja estabilizado por volta do ano 2015. Portanto, até lá os pronunciamentos internacionais da contabilidade (principalmente os *full* IFRSs) podem ser significativamente alterados, afetando o conteúdo deste livro. Por exemplo, no momento do fechamento desta edição, o IASB estava trabalhando no projeto de revisão dos pronunciamentos relativos à contabilização de investimentos em coligadas, controladas e controladas em conjunto, o que poderá afetar o conteúdo apresentado nos capítulos 3 e 4 deste livro. Mesmo que o IASB emita os novos pronunciamentos no início de 2011, é provável que só sejam exigidos a partir de 2013.

Considerando que o Brasil está incluído nesse processo, os CPCs que tratam dessas matérias também precisarão ser atualizados. Caso o IASB emita os novos pronunciamentos no início de 2011, é possível que os CPCs respectivos só estejam disponíveis a partir da segunda metade de 2011. Portanto, é importante que você se mantenha atualizado em relação a essas possíveis alterações.

Por fim, desejamos que você, leitor, tenha muito sucesso a contabilizar, e que jamais precise reconhecer qualquer *impairment*.

Referências

BRASIL. Lei nº 6.404, de 15 de dezembro de 1976. Dispõe sobre as Sociedades por Ações. *Diário Oficial da União*, Brasília, DF, 17 dez. 1977. Suplemento.

_____. Lei nº 10.406, de 10 de janeiro de 2002. Institui o Código Civil. *Diário Oficial da União*, Brasília, DF, 10 jan. 2002.

_____. Lei nº 11.638, de 28 de dezembro de 2007. Altera e revoga dispositivos da Lei nº 6.404, de 15 de dezembro de 1976, e da Lei nº 6.385, de 7 de dezembro de 1976, e estende às sociedades de grande porte disposições relativas à elaboração e divulgação de demonstrações financeiras. *Diário Oficial da União*, Brasília, DF, 28 dez. 2007.

COMITÊ DE PRONUNCIAMENTOS CONTÁBEIS (CPC). *Pronunciamento conceitual básico* — Estrutura conceitual para a elaboração e apresentação das demonstrações contábeis. Brasília, DF: CPC, 2008a.

_____. *Pronunciamento Técnico CPC 13* — Adoção inicial da Lei nº 11.638/2007 e da Medida Provisória nº 449/2008. Brasília, DF: CPC, 2008b.

_____. *Interpretação Técnica ICPC 09* — Demonstrações contábeis individuais, demonstrações separadas, demonstrações consolidadas e aplicação do método de equivalência patrimonial. Brasília, DF: CPC, 2009a.

_____. *Pronunciamento Técnico CPC-PME* — Contabilidade para pequenas e médias empresas. Brasília, DF: CPC, 2009b.

_____. *Pronunciamento Técnico CPC 15* — Combinação de negócios. Brasília, DF: CPC, 2009c.

_____. *Pronunciamento Técnico CPC 18* — Investimento em coligada e em controlada. Brasília, DF: CPC, 2009d.

_____. *Pronunciamento Técnico CPC 19* — Investimento em empreendimento controlado em conjunto (*joint venture*). Brasília, DF: CPC, 2009e.

_____. *Pronunciamento Técnico CPC 25* — Provisões, passivos contingentes e ativos contingentes. Brasília, DF: CPC, 2009f.

_____. *Pronunciamento Técnico CPC 30* — Receitas. Brasília, DF: CPC, 2009g.

_____. *Pronunciamento Técnico CPC 31* — Ativo não circulante mantido para venda e operação descontinuada. Brasília, DF: CPC, 2009h.

_____. *Pronunciamento Técnico CPC 32* — Tributos sobre o lucro. Brasília, DF: CPC, 2009i.

_____. *Pronunciamento Técnico CPC 35* — Demonstrações separadas. Brasília, DF: CPC, 2009j.

_____. *Pronunciamento Técnico CPC 36* — Demonstrações consolidadas. Brasília, DF: CPC, 2009k.

_____. *Pronunciamento Técnico CPC 38* — Instrumentos financeiros: reconhecimento e mensuração. Brasília, DF: CPC, 2009l.

_____. *Pronunciamento Técnico CPC 39* — Instrumentos financeiros: apresentação. Brasília, DF: CPC, 2009m.

_____. *Pronunciamento Técnico CPC 40* — Instrumentos financeiros: evidenciação. Brasília, DF: CPC, 2009n.

_____. *Pronunciamento Técnico CPC 01 (R1)* — Redução ao valor recuperável de ativos. Brasília, DF: CPC, 2010.

GOBETTI, Gregory; PERDIGÃO, Eduardo B.; BREHMER, Thiago K.; LOPES, Alexsandro B. Instrumentos financeiros. In: ERNST & YOUNG. *Manual de normas internacionais de contabilidade*: IFRS versus normas brasileiras. 2. ed. São Paulo: Fipecafi/Atlas, 2010. cap. 19.

INTERNATIONAL ACCOUNTING STANDARDS BOARD (IASB). *International financial reporting standard for small and medium-sized entities* (IFRS for SMEs). London: IASB, 2009.

_____. *Framework for the preparation and presentation of financial statements.* London: IASB, 2010a.

_____. *IFRS 3* — Business combinations. London: IASB, 2010b.

_____. *IFRS 5* — Noncurrent assets held for sale and discontinued operations. London: IASB, 2010c.

_____. *IFRS 7* — International financial reporting standard, financial instruments: disclosures. London: IASB, 2010d.

_____. *IFRS 9* — International financial reporting standard, financial instruments. London: IASB, 2010e.

_____. *IAS 18* — International accounting standard, revenue. London: IASB, 2010f.

_____. *IAS 27* — International accounting standard, consolidated and separate financial statements. London: IASB, 2010g.

_____. *IAS 28* — International accounting standard, investments in associate. London: IASB, 2010h.

_____. *IAS 31* — International accounting standard, interests in joint ventures. London: IASB, 2010i.

_____. *IAS 32* — International accounting standard, financial instruments: presentation. London: IASB, 2010j.

_____. *IAS 36* — International accounting standard, impairment of assets. London: IASB, 2010k.

_____. *IAS 39* — International accounting standard, financial instruments: recognition and measurement. London: IASB, 2010l.

INTERNATIONAL PUBLIC SECTOR ACCOUNTING STANDARDS BOARD (IPSASB). *IPSAS 28* — International public sector accounting standard, financial instruments: presentation. New York: IPSASB, 2010a.

_____. *IPSAS 29* — International public sector accounting standard, financial instruments: recognition and measurement. New York: IPSASB, 2010b.

_____. *IPSAS 30* — International public sector accounting standard, financial instruments: disclosures. New York: IPSASB, 2010c.

IUDÍCIBUS, Sérgio et al. *Manual de contabilidade societária*: aplicável a todas as sociedades de acordo com as normas internacionais e do CPC. São Paulo: Fipecafi/Atlas, 2010.

Apêndice

Glossário

Termo	Conceito
A	
Ação	É a menor parte na qual o capital social de uma entidade é divisível (termo aplicável à S.A.)
Adiantamento para futuro aumento de capital social	Corresponde a valores recebidos pela empresa de seus acionistas ou cotistas, destinados a serem utilizados como futuro aporte de capital.
Ágio por rentabilidade futura (*goodwill*)	Futuro benefício econômico decorrente dos ativos não capazes de ser individualmente identificados e separadamente reconhecidos. (Fonte: glossário de CPC-PME.)
Ativo	Recurso controlado por uma entidade em consequência de eventos passados e do qual se espera que resultem fluxos de benefícios econômicos futuros ou potencial de serviços para a entidade. (Fonte: adaptado do glossário do CPC-PME.)
Ativo financeiro	Qualquer ativo que tenha liquidez e que esteja enquadrado como: (a) caixa ou equivalente de caixa; (b) direito contratual de receber recursos financeiros (caixa) ou outro ativo financeiro de outra entidade (duplicatas a receber); (c) direito contratual de trocar instrumentos financeiros com outra entidade sob condições potencialmente favoráveis (derivativos); ou (d) instrumento em ações ou cotas do capital social de outra entidade. (Fonte: glossário do CPC-PME.)

continua

Termo	Conceito
Ativos intangíveis	Direitos que tenham por objeto bens incorpóreos destinados à manutenção da companhia ou exercidos com essa finalidade, inclusive o fundo de comércio adquirido.
Available-for-sale	Ver "título disponível para venda"
C	
Capital de risco	Modalidade de investimento utilizada para apoiar negócios por meio da compra de uma participação acionária, geralmente minoritária, com objetivo de ter as ações valorizadas para posterior saída da operação.
Coligada	Entidade investida na qual o investidor tenha influência significativa, sem controlá-la.
Conselho de administração	Órgão encarregado não apenas de auxiliar a diretoria na elaboração das estratégias, mas também de definir, orientar e supervisionar os executivos quanto aos parâmetros de valores a serem considerados na definição dessas estratégias.
Consolidação proporcional	É um método de contabilização em que cada um dos ativos, passivos, receitas e despesas de uma entidade controlada em conjunto são combinados, linha a linha, com itens semelhantes das demonstrações contábeis do empreendedor.
Controlada	Entidade investida sobre a qual a investidora exerce o efetivo controle, diretamente ou por intermédio de outras controladas.
Controlada em conjunto	Entidade que sofre o controle de forma compartilhada por seus empreendedores conforme contrato estabelecido, cujas decisões estratégicas, financeiras e operacionais são tomadas por meio do consentimento das partes que a controlam.
Controle efetivo	Preponderância nas deliberações sociais e poder de eleger a maioria dos administradores, de forma permanente.
Cota do capital social	É a menor parte na qual o capital social de uma entidade é divisível (termo aplicável à Ltda.).
CPC	Comitê de Pronunciamentos Contábeis, que tem como objetivo o estudo, o preparo e a emissão de pronunciamentos técnicos (CPCs) sobre procedimentos de contabilidade e a evidenciação de informações dessa natureza, para permitir a emissão de normas pela entidade reguladora brasileira, visando a centralização e uniformização do seu processo de produção, levando sempre em conta a convergência da contabilidade brasileira para os padrões internacionais. (Fonte: Resolução CFC nº 1.055/2005.)

continua

Termo	Conceito
Custo de transação	Custos incrementais que são atribuíveis à aquisição, emissão ou venda de ativos financeiros ou passivos financeiros. Custo incremental é aquele que não seria incorrido caso a entidade não adquirisse, emitisse ou vendesse o instrumento financeiro. (Fonte: CPC 38.)
D	
Demonstrações consolidadas	As demonstrações consolidadas visam apurar informações contábeis de todas as instituições integrantes de um conglomerado, no país ou no exterior, sob o controle de uma empresa-mãe, como se em conjunto representassem uma única entidade.
Demonstrações separadas	São aquelas apresentadas por uma controladora, um investidor em coligada ou um empreendedor em uma entidade controlada em conjunto, nas quais os investimentos são contabilizados com base no valor do interesse direto no patrimônio (*direct equity interest*), em vez de nos resultados divulgados e nos valores contábeis dos ativos líquidos das investidas. (Fonte: adaptado do glossário do CPC-PME.)
Direitos de subscrição	Títulos nominativos negociáveis que conferem ao seu proprietário o direito de subscrever ações do capital social da empresa emissora, nas condições previamente definidas.
Dividendo cumulativo	Dividendo que, caso não seja pago durante o exercício, é automaticamente acumulado para o período seguinte.
E	
Equivalência patrimonial	Pode ser entendida como um ajuste contábil realizado a fim de se determinar o valor dos investimentos de uma companhia em outras empresas.
Eventos subsequentes	São aqueles, sejam eles favoráveis ou desfavoráveis, que ocorrem entre a data do balanço e a data na qual é autorizada a conclusão da elaboração das demonstrações contábeis. (Fonte: adaptado do CPC 24.)
F	
Fundos de investimentos	Forma de aplicação financeira formada pela união de vários investidores que se juntam para a realização de um investimento financeiro, organizada sob a forma de pessoa jurídica, visando um determinado objetivo ou retorno esperado, dividindo as receitas geradas e as despesas necessárias para o empreendimento.

continua

Termo	Conceito
Fundos mútuos	Companhia que reúne dinheiro de investidores para fazer vários tipos de investimentos, conhecidos como portfólio.
G	
Goodwill	Ver "ágio por rentabilidade futura".
H	
Held for trading	Ver "título mantido para negociação".
Held-to-maturity	Ver "título mantido até o vencimento".
I	
Impairment	Perda resultante da redução do valor contábil do ativo a seu valor líquido de realização.
Influência significativa	O poder de participar nas decisões sobre as políticas financeira e operacional de uma entidade, mas sem exercer controle sobre tais políticas.
Instrumento financeiro	Qualquer contrato que dê origem a um ativo financeiro para uma entidade e a um passivo financeiro ou instrumento patrimonial para outra entidade. (Fonte: glossário do CPC-PME.)
Instrumento patrimonial	Qualquer contrato que evidencie uma participação residual nos ativos de uma entidade após deduzir todos os seus passivos. (Fonte: *Glossary of* IFRS *for* SMEs.)
J	
Joint venture	Ver "controlada em conjunto".
M	
Mercado ativo	É um mercado onde todas as seguintes condições existem: (a) os itens transacionados no mercado são homogêneos; (b) vendedores e compradores com disposição para negociar são encontrados a qualquer momento para efetuar a transação; e (c) os preços estão disponíveis para o público.
Modelo de negócio	Forma como (políticas segundo as quais) a entidade é administrada; independe da intenção do gestor em relação a um instrumento financeiro em particular.

continua

Termo	Conceito
O	
Opções de compra de ações	Direito de comprar o ativo subjacente, objeto do contrato, a um preço fixado (preço de exercício)
Outros instrumentos patrimoniais	Para os fins deste livro, investimentos em participações patrimoniais não classificadas como investimentos em controladas, controladas em conjunto nem coligadas.
P	
Participações societárias	Representam aplicações de uma empresa (investidora) em outra (investida)
T	
Título disponível para venda	Ativo financeiro não derivativo que seja designado como disponível para venda ou que não seja classificado como (a) empréstimos e contas a receber, (b) investimentos mantidos até o vencimento ou (c) ativos financeiros pelo valor justo por meio do resultado. (Fonte: CPC 38 — Ativos financeiros mantidos para venda.)
Título mantido até o vencimento	Ativo financeiro não derivativo, com pagamentos fixos ou determináveis com vencimentos definidos, para o qual a entidade tenha a intenção positiva e a capacidade de manter até o vencimento, exceto aquele: (a) que a entidade designa no reconhecimento inicial pelo valor justo por meio do resultado; (b) que a entidade designa como disponível para venda; e (c) que satisfaz a definição de empréstimos e contas a receber. (Fonte: CPC 38 — Investimentos mantidos até o vencimento.)
Título mantido para negociação	Ativo financeiro que: (a) for adquirido ou incorrido principalmente para a finalidade de venda ou de recompra em prazo muito curto; (b) no reconhecimento inicial for parte de carteira de instrumentos financeiros identificados que são gerenciados em conjunto e para os quais existe evidência de modelo real recente de tomada de lucros a curto prazo; (c) seja classificado como derivativo, exceto no caso de derivativo que seja contrato de garantia financeira ou um instrumento de *hedge* designado e eficaz. (Fonte: CPC 38.)
Título perpétuo	Instrumento financeiro que não tem data de vencimento.
Transações ascendentes	Transações entre a investida e sua investidora, por exemplo, quando a investida vende mercadorias para sua investidora.
Transações descendentes	Transações entre a investidora e sua investida, por exemplo, quando a investidora vende mercadorias para sua investida.

continua

Termo	Conceito
U	
Unidade geradora de caixa	É o menor grupo de ativos que inclui o ativo em uso e que gera entradas de caixa, que são, em grande parte, independentes das entradas de caixa provenientes de outros ativos ou grupos de ativos. (Fonte: glossário de CPC-PME.)
V	
Valor justo	O valor pelo qual um ativo poderia ser negociado, ou um passivo liquidado, existindo um conhecimento amplo e disposição nas partes envolvidas, em uma transação em que não há favorecidos. Portanto, é o valor pelo qual um ativo pode ser negociado, ou um passivo liquidado entre partes interessadas, conhecedoras do negócio e independentes entre si, com a ausência de fatores que pressionem a liquidação da transação ou que caracterizem uma transação compulsória. (Fonte: adaptado do glossário do CPC-PME.)

Os autores

Ricardo Lopes Cardoso

Doutor em ciências contábeis (FEA-USP), mestre em ciências contábeis (FAF-Uerj), contador e advogado. Professor adjunto da Ebape-FGV, professor adjunto da FAF-Uerj, *academic fellow* da International Financial Reporting Standards Foundation (2010) e professor convidado do FGV Management. Coautor dos livros *Contabilidade geral: introdução à contabilidade societária*; *Contabilidade gerencial: mensuração, monitoramento e incentivos*; e *Contabilidade dos investimentos em participações societárias*.

Carlos Vieira

Mestre em ciências contábeis (FAF-Uerj), contador e economista, graduado pela Universidade Gama Filho. Professor convidado do FGV Management nas disciplinas de contabilidade avançada, contabilidade financeira e contabilidade para executivos, professor assistente da UFRJ. Coautor dos livros

Contabilidade para executivos e Contabilidade dos investimentos em participações societárias.

Paulo Sérgio Machado

Mestre em ciências contábeis (FAF-Uerj), contador e administrador de empresas. Professor convidado do FGV Management. Sócio fundador da Lopes, Machado Auditores. Membro integrante do conselho da região americana da BKR International. Coautor do livro *Contabilidade dos investimentos em participações societárias*.

Waldir Jorge Ladeira dos Santos

Doutor em políticas públicas e formação humana (PPFH-Uerj), mestre em ciências contábeis pela (FAF-Uerj), contador. Ocupou os cargos de oficial do Exército Brasileiro, secretário municipal de Fazenda de São Gonçalo (RJ) e secretário municipal de Controle de Magé, São Gonçalo e Nova Iguaçu, no Rio de Janeiro. Professor adjunto da FAF-Uerj e professor convidado do FGV Management. Conselheiro do CRC/RJ, diretor do Sindicato dos Contabilistas do Rio de Janeiro. Coautor do livro *Contabilidade dos investimentos em participações societárias*.

Este livro foi impresso nas oficinas gráficas da Editora Vozes Ltda.,
Rua Frei Luís, 100 – Petrópolis, RJ.